プリント形式のリアル過去問で本番の臨場感！

新潟県

新潟第一中学校

2025年春受験用

解答集

本書は，実物をなるべくそのままに，プリント形式で年度ごとに収録しています。
問題用紙を教科別に分けて使うことができるので，本番さながらの演習ができます。

■ 収録内容

・解答集(この冊子です)

書籍ＩＤ番号，この問題集の使い方，最新年度実物データ，リアル過去問の活用，
解答例と解説，ご使用にあたってのお願い・ご注意，お問い合わせ

・2024(令和６)年度 ～ 2020(令和２)年度　学力検査問題

JN132513

〇は収録あり

年度	'24	'23	'22	'21	'20	
■ 問題(第1回)※	〇	〇	〇	〇	〇	
■ 解答用紙	〇	〇	〇	〇	〇	
■ 配点						

算数に解説
があります

※国語と算数(2021年度以前は国語A・算数A・国語B・算数Bで実施)，
英語(2023年度より導入，リスニングの音声・原稿は非公表)
注)国語問題文非掲載:2020年度Aの一

問題文の非掲載につきまして

著作権上の都合により，本書に収録している過去入試問題の本文の一部を掲載しておりません。ご不便をおかけし，誠に申し訳ございません。

本文の一部を掲載できなかったことによる国語の演習不足を補うため，論説文および小説文の演習問題のダウンロード付録があります。弊社ウェブサイトから書籍ＩＤ番号を入力してご利用ください。

なお，問題の量，形式，難易度などの傾向が，実際の入試問題と一致しない場合があります。

教英出版

■ 書籍ＩＤ番号

入試に役立つダウンロード付録や学校情報などを随時更新して掲載しています。
教英出版ウェブサイトの「ご購入者様のページ」画面で，書籍ＩＤ番号を入力してご利用ください。

書籍ＩＤ番号 103415

（有効期限：2025年9月30日まで）

【入試に役立つダウンロード付録】
「要点のまとめ(国語／算数)」
「課題作文演習」ほか

■ この問題集の使い方

年度ごとにプリント形式で収録しています。針を外して教科ごとに分けて使用します。①片側，②中央のどちらかでとじてありますので，下図を参考に，問題用紙と解答用紙に分けて準備をしましょう（解答用紙がない場合もあります）。

針を外すときは，けがをしないように十分注意してください。また，針を外すと紛失しやすくなりますので気をつけましょう。

① 片側でとじてあるもの

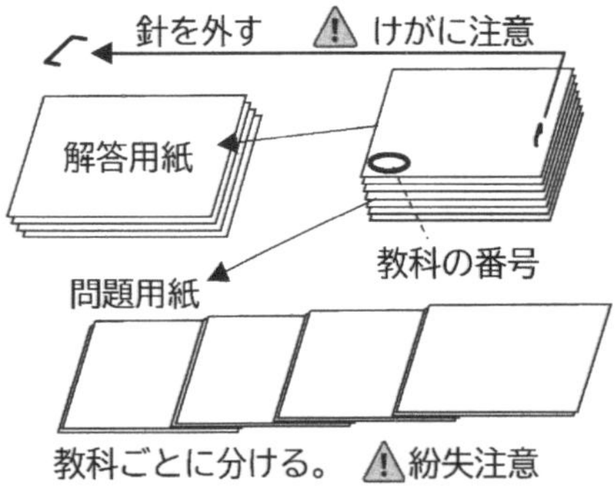

② 中央でとじてあるもの

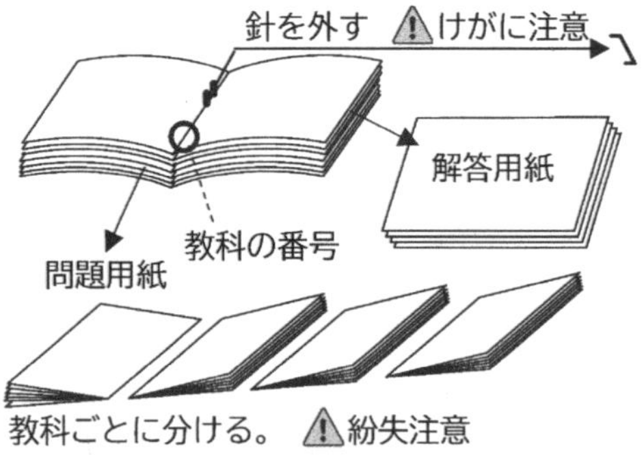

※教科数が上図と異なる場合があります。
解答用紙がない場合や，問題と一体になっている場合があります。
教科の番号は，教科ごとに分けるときの参考にしてください。

■ 最新年度 実物データ

実物をなるべくそのままに編集していますが，収録の都合上，実際の試験問題とは異なる場合があります。実物のサイズ，様式は右表で確認してください。

問題用紙	Ａ４冊子(二つ折り)
解答用紙	Ａ３片面プリント

リアル過去問の活用

～リアル過去問なら入試本番で力を発揮することができる～

本番を体験しよう！

問題用紙の形式（縦向き／横向き），問題の配置や余白など，実物に近い紙面構成なので本番の臨場感が味わえます。まずはパラパラとめくって眺めてみてください。「これが志望校の入試問題なんだ！」と思えば入試に向けて気持ちが高まることでしょう。

入試を知ろう！

同じ教科の過去数年分の問題紙面を並べて，見比べてみましょう。

① 問題の量

毎年同じ大問数か，年によって違うのか，また全体の問題量はどのくらいか知っておきましょう。どのくらいのスピードで解けば時間内に終わるのか，大問ひとつにかけられる時間を計算してみましょう。

② 出題分野

よく出題されている分野とそうでない分野を見つけましょう。同じような問題が過去にも出題されていることに気がつくはずです。

③ 出題順序

得意な分野が毎年同じ大問番号で出題されていると分かれば，本番で取りこぼさないように先回りして解答することができるでしょう。

④ 解答方法

記述式か選択式か（マークシートか），見ておきましょう。記述式なら，単位まで書く必要があるかどうか，文字数はどのくらいかなど，細かいところまでチェックしておきましょう。計算過程を書く必要があるかどうかも重要です。

⑤ 問題の難易度

必ず正解したい基本問題，条件や指示の読み間違いといったケアレスミスに気をつけたい問題，後回しにしたほうがいい問題などをチェックしておきましょう。

問題を解こう！

志望校の入試傾向をつかんだら，問題を何度も解いていきましょう。ほかにも問題文の独特な言いまわしや，その学校独自の答え方を発見できることもあるでしょう。オリンピックや環境問題など，話題になった出来事を毎年出題する学校だと分かれば，日頃のニュースの見かたも変わってきます。

こうして志望校の入試傾向を知り対策を立てることこそが，過去問を解く最大の理由なのです。

実力を知ろう！

過去問を解くにあたって，得点はそれほど重要ではありません。大切なのは，志望校の過去問演習を通して，苦手な教科，苦手な分野を知ることです。苦手な教科，分野が分かったら，教科書や参考書に戻って重点的に学習する時間をつくりましょう。今の自分の実力を知れば，入試本番までの勉強の道すじが見えてきます。

試験に慣れよう！

入試では時間配分も重要です。本番で時間が足りなくなってあわてないように，リアル過去問で実戦演習をして，時間配分や出題パターンに慣れておきましょう。教科ごとに気持ちを切り替える練習もしておきましょう。

心を整えよう！

入試は誰でも緊張するものです。入試前日になったら，演習をやり尽くしたリアル過去問の表紙を眺めてみましょう。問題の内容を見る必要はもうありません。どんな形式だったかな？受験番号や氏名はどこに書くのかな？…ほんの少し見ておくだけでも，志望校の入試に向けて心の準備が整うことでしょう。

そして入試本番では，見慣れた問題紙面が緊張した心を落ち着かせてくれるはずです。

※まれに入試形式を変更する学校もありますが，条件はほかの受験生も同じです。心を整えてあせらずに問題に取りかかりましょう。

新潟第一中学校

《国　語》

一　問一．ア　問二．エライオソームを食べ終わると、種子を巣の外へ捨ててしまう。　問三．種子が、地中深くにあるアリの巣へと持ち運ばれること。　問四．花粉を運んでくれる虫　問五．イ　問六．一．季節に左右されず、確実に種子を残せる点。　二．花びらや蜜が不要でコストが削減できる点。（一と二は順不同）
問七．スミレは花　問八．エ　問九．ウ

二　問一．祖父が、長い間賭博にのめり込み、全財産をなくしたこと。　問二．a．イ　b．ウ　c．カ　d．ア　e．オ　f．エ　問三．エ　問四．二　問五．Ⅰ．臨終の望み　Ⅱ．養子　Ⅲ．改心　問六．Ⅳ．ぞっと身が震う　Ⅴ．いとしく　空らん…孫と遊んでいた　問七．私の友達の一人

三　①現象　②南極　③編集　④招待　⑤展覧　⑥宣言　⑦除　⑧難

四　①だから／それゆえ／したがって　などから1つ　②しかし／でも／なのに　などから1つ
③また／しかも／そして　などから1つ　④それとも

五　［記号／漢字］　①［イ／顔］　②［ウ／頭］　③［エ／首］

《算　数》

1　(1)4.07　(2)5　(3)2　(4)180　(5)$1\frac{5}{6}$　(6)32　(7)30　(8)0

2　(1)10　(2)14　(3)14，29，44，59　(4)500　(5)4分48秒後　(6)76
(7)100円切手…2
50円切手…3
10円切手…3

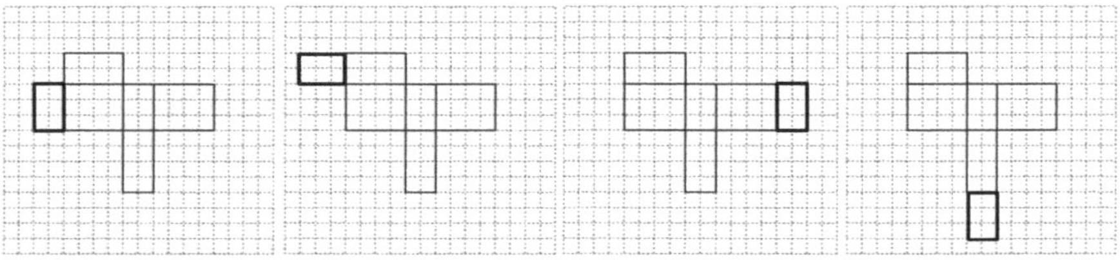

3　(1)右図のうち1つ
(2)ア．27　イ．54
(3)①周囲の長さ…71.4
面積…86
②46.5　③7536

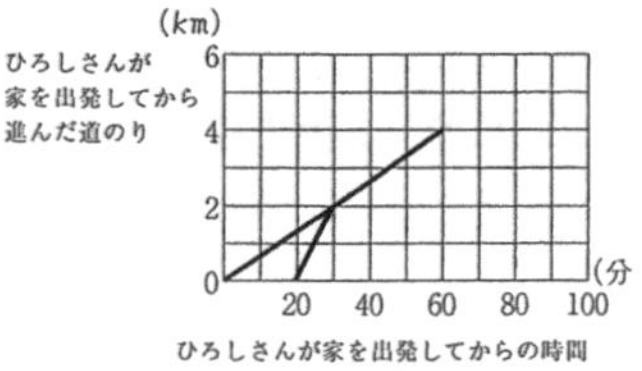

4　(1)10時30分　(2)①右グラフ　②9時20分　※(3)4.2

※の求め方は解説を参照してください。

《英　語》

1　放送原稿《げんこう》非公表のため，解答例は掲載《けいさい》しておりません。

2　問1．(1)③　(2)②　(3)①　(4)③　問2．(1)④→①→③→②　(2)④→③→②→①　(3)④→②→③→①
問3．②，⑤，⑩

1 (3) 与式＝32－30＝**2**

(4) 与式＝(2.5×８)×９＝20×９＝**180**

(5) 与式＝$\frac{3}{6}+1\frac{2}{6}=$**$1\frac{5}{6}$**

(6) 与式＝3.2×(６＋８－４)＝3.2×10＝**32**

(7) 与式＝27＋３×(４÷２)－３＝27＋３×２－３＝27＋６－３＝**30**

(8) 与式＝$\frac{125}{1000}\times\frac{2}{3}-\frac{5}{10}\times\frac{1}{6}=\frac{1}{8}\times\frac{2}{3}-\frac{1}{2}\times\frac{1}{6}=\frac{1}{12}-\frac{1}{12}=$**0**

2 (1) ある数を□とすると，□×３－５＝25　□×３＝25＋５　□＝30÷３＝**10**

(2) **【解き方】右のような表にまとめる。イの人数を求めればよい。**

ア＝18－７＝11(人)，ウ＝50－25＝25(人)だから，イ＝25－11＝**14**(人)

		バス		合計
		使う	使わない	
電車	使う	7		25
	使わない	ア	イ	ウ
合計		18		50

(3) **【解き方】３で割ると２余る数は３の倍数より３－２＝１小さい数であり，５で割ると４余る数は５の倍数より５－４＝１小さい数である。**

３と５の公倍数は，最小公倍数である 15 の倍数だから，３で割ると２余り，５で割ると４余る数は，15 の倍数より１小さい数である。そのうち１以上 60 以下の数は，15×１－１＝**14**，14＋15＝**29**，29＋15＝**44**，44＋15＝**59** である。

(4) 仕入れ値の 20％を含めた定価は，仕入れ値の $1+\frac{20}{100}=\frac{6}{5}$(倍)である。よって，仕入れ値は，$600\div\frac{6}{5}=$**500**(円)

(5) **【解き方】２人の速さの比がわかれば，２人が反対向きに歩き始めてから初めて出会ったときに，それぞれが池１周のうちのどのくらいを歩いたかの割合を求められる。**

よしおさんとまさおさんについて，同じ道のりを進むのにかかる時間の比が８：12＝２：３だから，速さの比はこの逆比の３：２である。

２人が反対向きに歩き始めてから初めて出会うのは，右図のように，２人が進んだ道のりの合計が池１周分の長さと等しくなるときである。

このときよしおさんとまさおさんが歩いた道のりの比は，２人の速さの比と等しく３：２だから，よしおさんは池１周分の $\frac{3}{3+2}=\frac{3}{5}$ を歩いた。

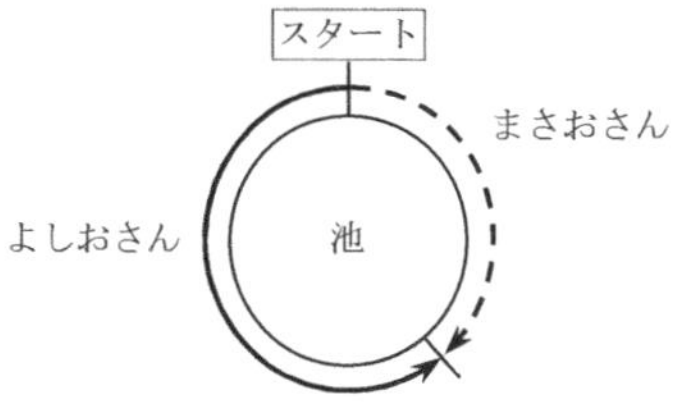

したがって，よしおさんが歩いた時間は，池１周にかかる時間である８分の $\frac{3}{5}$ 倍だから，$8\times\frac{3}{5}=\frac{24}{5}=4\frac{4}{5}$(分)

よって，求める時間は，$4\frac{4}{5}$分後＝４分($\frac{4}{5}\times60$)秒後＝**４分 48 秒後**

(6) **【解き方】(合計点)＝(平均点)×(回数)で求められることを利用する。**

４回の合計点は，68.5×４＝274(点)である。５回の平均点が 70 点以上になるのは，５回の合計点が 70×５＝350(点)以上になるときだから，求める点数は，350－274＝**76**(点)

(7) 合計７枚で 380 円を作るには，(100 円切手，50 円切手，10 円切手)＝(３枚，１枚，３枚)ならばよい。

100 円切手１枚を 50 円切手２枚に両替すると，合計金額が変わらず枚数の合計が２－１＝１(枚)増える。

よって，合計８枚で 380 円を作るためには，(100 円切手，50 円切手，10 円切手)＝(**２**枚，**３**枚，**３**枚)とすればよい。

3 (1) 展開図には，２辺が３cmと４cmの面が２つ，２辺が２cmと４cmの面が２つ，２辺が２cmと３cmの面が１つかかれている。したがって，２辺が２cmと３cmの面を１つかき加えればよい。

(2) **【解き方】直角二等辺三角形の３つの内角は，45°，45°，90° であること**

を利用する。

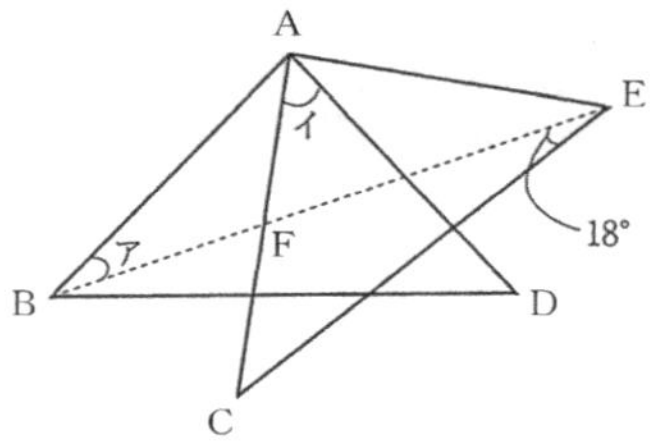

右図のように記号をおく。角ＡＥＢ＝$45^\circ - 18^\circ = 27^\circ$

三角形ＡＢＤと三角形ＡＣＥは合同な直角二等辺三角形だから，

三角形ＡＢＥはＡＢ＝ＡＥの二等辺三角形なので，角ア＝角ＡＥＢ＝**27°**

角ＡＣＥ＝45°であり，三角形の１つの外角は，これととなり合わない２つの内角の和に等しいから，三角形ＣＦＥにおいて，角ＡＦＥ＝$45^\circ + 18^\circ = 63^\circ$

三角形ＡＢＦにおいて，角ＢＡＦ＝角ＡＦＥ－角ア＝$63^\circ - 27^\circ = 36^\circ$　　よって，角イ＝$90^\circ - 36^\circ =$ **54°**

(3)①　かげのついている部分の周囲のうち曲線部分の長さは，半径 20 cmの円周の長さの$\frac{1}{4}$なので，$20 \times 2 \times 3.14 \times \frac{1}{4} = 10 \times 3.14 = 31.4$(cm)

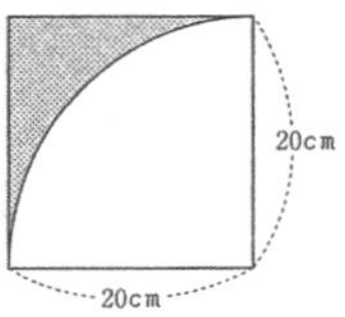

かげのついている部分の周囲のうち直線部分の長さは，$20 \times 2 = 40$(cm)

よって，かげのついている部分の周囲の長さは，$31.4 + 40 =$ **71.4**(cm)

かげのついている部分の面積は，１辺が 20 cmの正方形の面積から，半径 20 cmの円の面積の$\frac{1}{4}$を引けばよいから，$20 \times 20 - 20 \times 20 \times 3.14 \times \frac{1}{4} = 400 - 100 \times 3.14 =$ **86**(cm²)

②　**【解き方】かげの部分の一部は，右図のように面積を変えずに移動できる。**

したがって，㋐と㋑のかげのついている部分の面積を足せばよい。

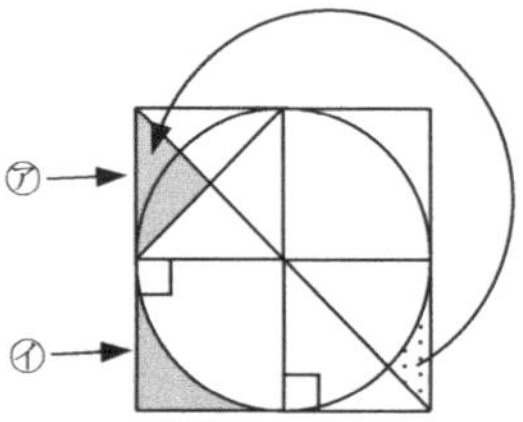

㋐の面積は，１辺が 10 cmの正方形の面積の$\frac{1}{4}$だから，$10 \times 10 \times \frac{1}{4} = 25$(cm²)

㋑の面積は，１辺が 10 cmの正方形の面積から，半径 10 cmの円の面積の$\frac{1}{4}$を引けばよいから，$10 \times 10 - 10 \times 10 \times 3.14 \times \frac{1}{4} = 100 - 25 \times 3.14 = 21.5$(cm²)

よって，求める面積は，$25 + 21.5 =$ **46.5**(cm²)

③　**【解き方】この立体を２つ用意して切り口を合わせると，高さが $22 + 26 = 48$(cm)の円柱ができる。**

求める体積は，底面積が $10 \times 10 \times 3.14 = 100 \times 3.14$(cm²)で高さが 48 cmの円柱の体積の$\frac{1}{2}$だから，

$100 \times 3.14 \times 48 \times \frac{1}{2} = 2400 \times 3.14 =$ **7536**(cm³)

4　(1)　ひろしさんはおじさんの家まで，$\frac{6}{4} = 1.5$(時間)かかる。1.5 時間＝１時間(0.5×60)分＝１時間 30 分だから，

求める時刻は，９時＋１時間 30 分＝**10 時 30 分**

(2)　グラフを見ると，ひろしさんは９時 30 分に家から２km＝(2×1000)m＝2000mの地点にいる。

弟は家から 2000mの地点まで $2000 \div 200 = 10$(分)かかる。したがって，弟が家を出たのは，９時 30 分－10 分＝**９時 20 分**であり，グラフは，点(20 分，０km)と点(30 分，２km)を直線で結べばよい。

(3)　**【解き方】時速 36 kmを分速○mに直すと，$\frac{36 \times 1000}{60} = 600$ より，分速 600mである。**

おじさんは，家を出発してから $600 \times 3 = 1800$(m)$\rightarrow \frac{1800}{1000}$km＝1.8 km進んだところでひろしさんに出会った。

よって，求める道のりは，$6 - 1.8 =$ **4.2**(km)

2023 解答例 令和５年度 新潟第一中学校

《国　語》

一　問一．(1)社会で起きている出来事　(2)多くのことが身近な関心事になり、喜びや楽しみのタネが増え、人生に深みが増す。　問二．ア　問三．ウ　問四．関心をもって情報を見ていくこと

二　問一．末永をハメたことを後悔している　問二．一番きついおもいをしているのは末永だと気づいたから
問三．ア　問四．ウ　問五．エ

三　①祝福　②構造　③精密　④額　⑤幕　⑥努　⑦築　⑧供

四　①イ　②エ　③ア　④エ　⑤ウ　⑥ア　⑦ウ　⑧イ

五　［主語／述語］　①［トラが／追いかけたが］［トラは／つかまえられなかった］　②［雨風が／強かった］［登山が／中止され］［私は／悲しかった］　③［姉が／くれた］［本は／おもしろく］［妹も／読んだ］

《算　数》

1　(1)0.63　(2)5　(3)14　(4)$\frac{2}{3}$　(5)$\frac{7}{20}$　(6)$8\frac{1}{6}$　(7)8　(8)$\frac{14}{15}$

2　(1)7000000　(2)2355　(3)10　(4)39　(5)85　(6)396　(7)25

3　(1)137　(2)128　(3)69.625　(4)①5　②628

4　(1)右図　(2)72　(3)50　※(4)6

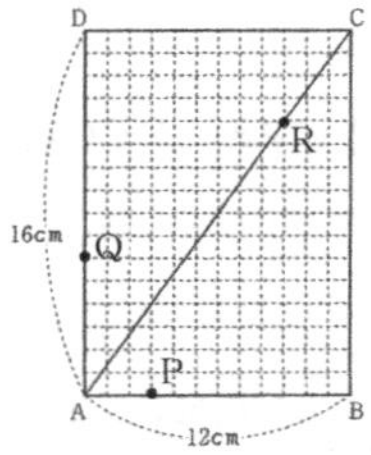

※の求め方は解説を参照してください。

《英　語》

1　放送原稿非公表のため，解答例は掲載しておりません。

2　問１．(1)③　(2)①　(3)②　(4)①　問２．(1)③→②→④→①　(2)①→④→②→③　(3)②→④→③→①
問３．サッカーの試合を見る。　問４．(1)②　(2)③

1 (4) 与式$=2\frac{3}{6}-1\frac{5}{6}=1\frac{9}{6}-1\frac{5}{6}=\frac{4}{6}=\frac{2}{3}$

(5) 与式$=\frac{3}{4}\div\frac{15}{7}=\frac{3}{4}\times\frac{7}{15}=\frac{7}{20}$

(6) 与式$=3\frac{1}{6}+4\times\frac{1}{2}+4\times\frac{3}{4}=3\frac{1}{6}+2+3=8\frac{1}{6}$

(7) 与式＝30－(25－６÷２)＝30－(25－３)＝30－22＝８

(8) 与式$=\frac{1}{3}\div\frac{1}{4}-\frac{8}{15}\times\frac{3}{4}=\frac{1}{3}\times4-\frac{2}{5}=\frac{4}{3}-\frac{2}{5}=\frac{20}{15}-\frac{6}{15}=\frac{14}{15}$

2 (1) １km^2＝１km×１km＝1000m×1000m＝1000000 m^{2}だから，７km^2＝7000000 m^2

(2) 一の位を四捨五入するから，くり上がって十の位が６になればよいので，求める数は2355である。

(3) **【解き方】樹形図を利用する。**

すべての組み合わせは右の樹形図のようになるので，全部で，

４＋３＋２＋１＝10(試合)

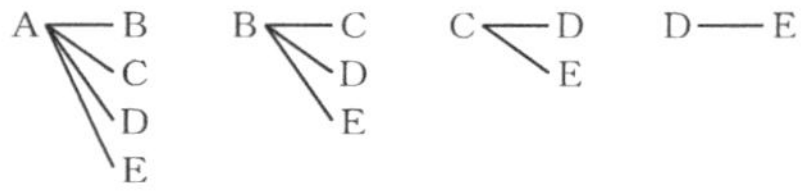

(4) **【解き方】ゆうきさんとお父さんの年れいの比は１：３で，この比の数の３－１＝２が，２人の年れいの差の26さいにあたる。**

お父さんの年れいは，$26\times\frac{3}{2}=39$(さい)

(5) **【解き方】(平均点)×(回数)＝(合計点)となることを利用する。**

５回のテストの平均点が82点だから，５回のテストの合計点は82×５＝410(点)である。６回目で100点だったので，６回のテストの平均点は，(410＋100)÷６＝85(点)

(6) **【解き方】「１割多い」は元の値《あたい》の１＋0.1＝1.1(倍)，「１割少ない」は元の値の１－0.1＝0.9(倍)である。**

８月１日の入館者数を１とすると，８月２日は１×1.1＝1.1，８月３日は1.1×0.9＝0.99である。

よって，８月３日の入館者数は，400×0.99＝396(人)

(7) **【解き方】分速55mで歩くちあきさんを分速95mで追いかけるから，２人の間のきょりは１分間に95－55＝40(m)ちぢむ。**

１km＝1000mより，とおるさんが出発してから1000÷40＝25(分後)にちあきさんに追いつく。

3 (1) **【解き方】右の「へこみのある四角形(ブーメラン型)の角度」を利用する。**

角ア＝71°＋32°＋34°＝137°となる。

へこみのある四角形(ブーメラン型)の角度

右図の太線のようなブーメラン型の図形において，
三角形の外角の性質から，角ｄ＝角ａ＋角ｂ，
角x＝角ｃ＋角ｄ＝角ｃ＋(角ａ＋角ｂ)だから，

角x＝角ａ＋角ｂ＋角ｃ

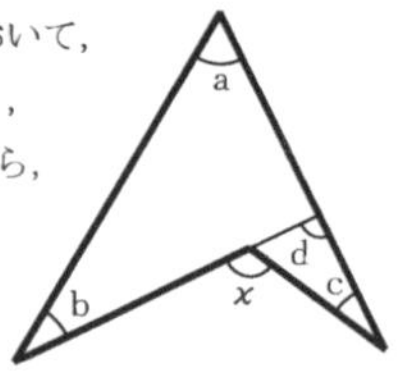

(2) **【解き方】折り返したとき重なる角は等しいことを利用する。**

右図のように記号をおく。折り返したとき重なるから，角ＤＢＥ＝角ＥＢＣ＝26°となる。

平行線の錯角は等しいから，角ＡＤＢ＝角ＤＢＣ＝26°×２＝52°

よって，角イ＝180°－52°＝128°

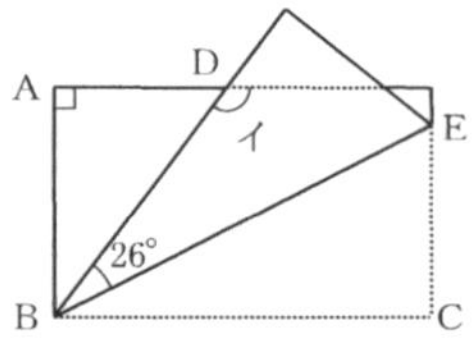

(3) **【解き方】かげのついた部分を斜線《しゃせん》部分で表し，図１のように移動すると，図２の図形ができる。三角形ＡＧＩと正方形ＯＨＣＩとおうぎ形ＯＧＨの面積の和を求めればよい。**

図１

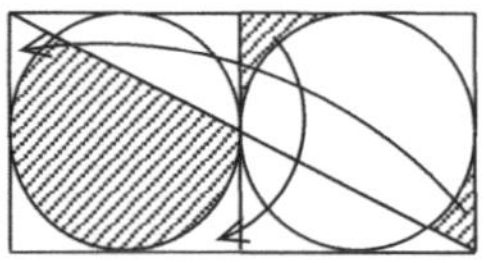

図２

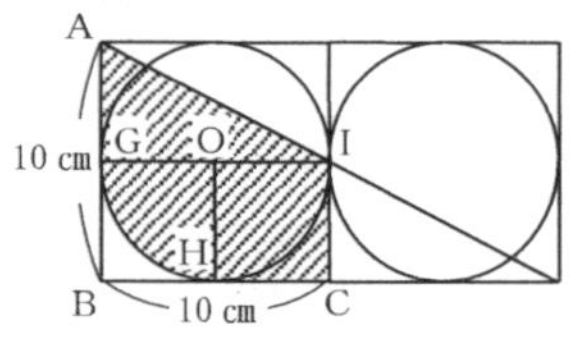

円の半径は５cmだから，

三角形ＡＧＩの面積は，10×５÷２＝25(㎠)

正方形ＯＨＣＩの面積は，５×５＝25(㎠)　　おうぎ形ＯＧＨの面積は，５×５×3.14×$\frac{1}{4}$＝19.625(㎠)

よって，求める面積は，25＋25＋19.625＝69.625(㎠)となる。

⑷① **【解き方】底面の円周と辺ＡＤの長さが等しくなるので，辺ＡＤの長さ→底面の円の円周→底面の円の半径の順に求めていく。**

長方形ＡＢＣＤの面積が 251.2㎠だから，ＡＤ＝251.2÷８＝31.4(cm)となる。

よって，底面の円の円周も 31.4cmとなるので，底面の円の半径は，31.4÷3.14÷２＝５(cm)

② 底面の円の面積は，５×５×3.14＝25×3.14(㎠)だから，円柱の体積は，

(25×3.14)×８＝200×3.14＝628(㎤)

4 ⑴ **【解き方】Ｐ，Ｑ，Ｒが３秒後までに何cm進んだのかそれぞれ求める。**

Ｐは秒速１cmだから，ＡＢ上を点Ａから，１×３＝３(cm)進んだところにある。

Ｑは秒速２cmだから，ＡＤ上を点Ａから，２×３＝６(cm)進んだところにある。

Ｒは秒速５cmだから，ＡＣ上を点Ａから，５×３＝15(cm)進んだところにある。これはＡＣの長さの$\frac{15}{20}$＝$\frac{3}{4}$にあたるから，点Ａから右に 12×$\frac{3}{4}$＝９(cm)，上に 16×$\frac{3}{4}$＝12(cm)進んだところに点を打てばよい。

⑵ 三角形ＲＡＢの底辺をＡＢとすると，高さは⑴より 12cmとなる。三角形ＲＡＢの面積は，12×12÷２＝72(㎠)

⑶ **【解き方】⑴と同様にＰ，Ｑ，Ｒが５秒後にどこにあるのかを考える。点Ｐは１×５＝５(cm)，点Ｑは２×５＝10(cm)，点Ｒは５×５＝25(cm)進んでいる。ＡＣ＝20cmより，点ＲはＣに着き，25－20＝５(cm)だけＡに向かって進むので，３秒後と同じ位置にある。**

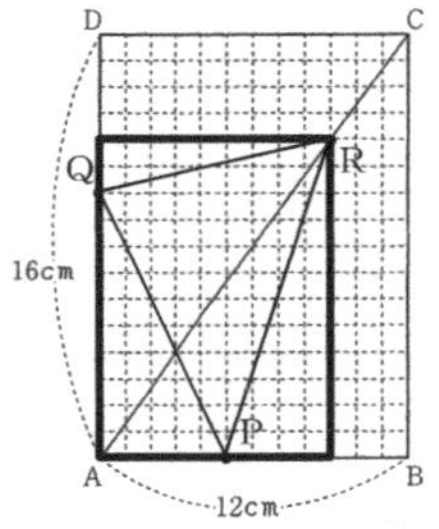

Ｐ，Ｑ，Ｒの位置は右図のようになる。したがって，太線の長方形の面積から，三角形ＰＱＲ以外の３つの直角三角形の面積を引けばよいので，三角形ＰＱＲの面積は，

12×９－(５×10÷２＋４×12÷２＋２×９÷２)＝108－(25＋24＋９)＝50(㎠)

⑷ **【解き方】ＲからＡＢに向かって垂直な線をひき，ＡＢと交わる点をＳとする。⑴から，ＡＲ：ＡＳ＝５：３になるとわかるので，Ｓは３点Ｐ，Ｑ，Ｒと同時に点Ａを出発して，辺ＡＢ上を秒速３cmで点Ｂまで進み，点Ｂに着いたらすぐに折り返して，秒速３cmで点Ａまで進む。ＰＲとＢＣが平行になるのは，ＰとＳが重なるときである。**

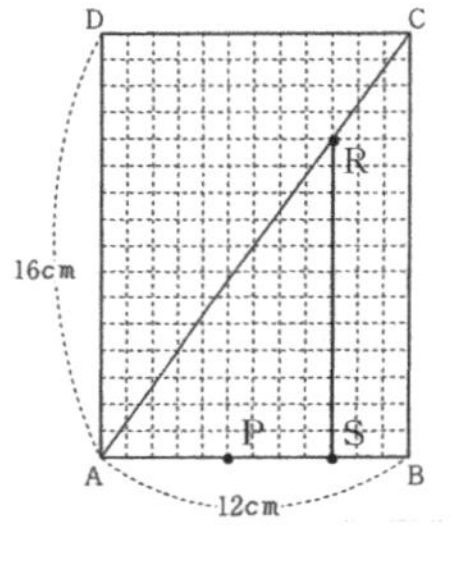

ＳはＰより速いので，ＰとＳが重なるのは，Ｓが点Ｃで折り返したあとである。

ＰとＳが重なるのは，ＰとＳが進んだ長さの和がＡＢ×２＝12×２＝24(cm)になるときで，ＰとＳは１秒ごとに合わせて１＋３＝４(cm)進むから，求める時間は，

24÷４＝６(秒後)

2022 解答例 令和４年度　★新潟第一中学校

《国　語》

一　問一．リンゴに共通の性質　　問二．基礎的な意味だけでなく、味を直接相手のなかに喚起する働き。

問三．オ　　問四．⑴なずな　⑵ウ　　問五．経験　　問六．ア

二　問一．イ　　問二．僕…相手にするのが恥ずかしいほど僕が弱かったから。　大田…設楽のことをすごいライバルだと思っていたから。　　問三．ア，オ　　問四．ライバル　　問五．１．誰よりも早く襷を大田に渡したい　２．ウ

三　問一．自分の夢にすべてのエネルギーを賭けて挑み、努力して、たとえ成就しなくても、精いっぱい挑戦した爽やかさを得ること。

問二．〈作文のポイント〉

・最初に自分の主張、立場を明確に決め、その内容に沿って書いていく。

・わかりやすい表現を心がける。自信のない表現や漢字は使わない。

さらにくわしい作文の書き方・作文例はこちら！→

https://kyoei-syuppan.net/mobile/files/sakupo.html

四　①相談　②一票　③旧式　④警察署　⑤遺産　⑥ふくよう　⑦おび　⑧ひかげん　⑨じゅうおう　⑩じしゃく

《算　数》

1　⑴11.12　⑵36　⑶3901　⑷商…52　あまり…17

⑸56　⑹$3\frac{8}{15}$　⑺$\frac{7}{9}$　⑻1　⑼30　⑽144

2　⑴2.55　⑵23　⑶①8　②クッキー…3　ゼリー…7

⑷18　⑸7：15　⑹24　⑺8　⑻250

3　⑴(ア)三角柱　(イ)円柱　⑵角ア…74　角イ…42

⑶周囲の長さ…152.8　面積…1186　⑷748　⑸右図

4　⑴右図　面積…10　⑵6　※⑶4秒後と12.8秒後

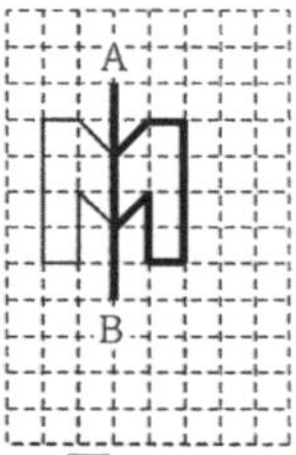

3⑸の図

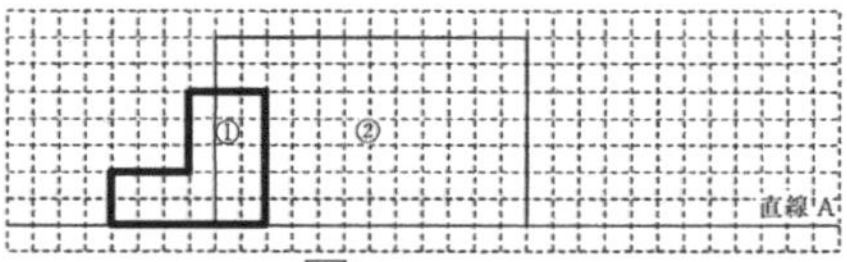

4⑴の図

※の求め方は解説を参照してください。

【算数の解説】

1　⑸　与式＝21＋40－5＝61－5＝56

⑹　与式＝$\frac{22}{3}-\frac{19}{5}=\frac{110}{15}-\frac{57}{15}=\frac{53}{15}=3\frac{8}{15}$

⑺　与式＝$\frac{1}{2}+\frac{1}{3}\times\frac{1}{2}+\frac{1}{3}\times\frac{1}{3}=\frac{1}{2}+\frac{1}{6}+\frac{1}{9}=\frac{9}{18}+\frac{3}{18}+\frac{2}{18}=\frac{14}{18}=\frac{7}{9}$

⑻　与式＝24÷8÷3＝3÷3＝1

⑼　与式＝17＋(65－26÷2)÷4＝17＋(65－13)÷4＝17＋52÷4＝17＋13＝30

⑽　与式＝1.2×(59＋61)＝1.2×120＝144

2　⑴　1時間＝60分だから，153分＝$\frac{153}{60}$時間＝2.55時間

⑵　ある数から７をひいた数は，５倍する前なので，80÷５＝16　　よって，ある数は，16＋７＝23

⑶①　24と56の最大公約数を求める。最大公約数を求めるときは，右の筆算のように割り切れる数で次々に割っていき，割った数をすべてかけあわせればよい。よって，24と56の最大公約数は，２×２×２＝８だから，箱は８箱用意すればよい。

2）24　56
2）12　28
2）6　14
　　3　7

②　８箱に均等に入れると，クッキーは24÷８＝３(枚)，ゼリーは56÷８＝７(個)ずつ入る。

⑷　百の位の選び方は，１，３，５の３通りある。十の位の選び方は，０，１，３，５のうち百の位で選んだ数を除く３通りある。一の位の選び方は，０，１，３，５のうち百の位と十の位で選んだ数を除く２通りある。よって，３けたの整数は全部で，３×３×２＝18(個)できる。

⑸　**【解き方】白い紙の枚数を６と14の最小公倍数である㊷として，赤い紙と青い紙の枚数を表す。**

赤い紙の枚数は，白い紙の枚数の$\frac{5}{6}$倍なので，㊷×$\frac{5}{6}$＝㉟

青い紙の枚数は，白い紙の枚数の$\frac{25}{14}$倍なので，㊷×$\frac{25}{14}$＝(75)

よって，赤い紙と青い紙の枚数の比は，㉟：(75)＝７：15

⑹　求めるガソリンの量は，15×$\frac{288}{180}$＝24(L)

⑺　２人が同時に出発してから最初に出会うまでに，２人は合わせて2400m(池の周り１周)進んでいる。２人は１分間で合わせて180＋120＝300(m)進むから，求める時間は，2400÷300＝８(分後)

⑻　普段の値段は，(仕入れ値)＋(利益)＝800＋800×0.3＝1040(円)

20%引きのときの値段は，1040×(１－0.2)＝832(円)

よって，この日の１本あたりの利益は，(売った値段)－(仕入れ値)＝832－800＝32(円)

利益は全部で8000円になったので，この日仕入れたロールケーキは，8000÷32＝250(本)

3　⑴　実際に(ア)，(イ)をそれぞれ組み立てると，右図Ⅰ，Ⅱのようになる。

図Ⅰ

図Ⅱ

⑵　図Ⅲのように記号をおく。三角形ＡＢＣと三角形ＤＥＢは合同だから，角ＢＡＣ＝角ＥＤＢ＝32°

三角形ＤＢＥはＤＢ＝ＤＥ＝５cmの二等辺三角形だから，

角ア＝角ＢＥＤ＝(180°－32°)÷２＝74°

三角形の１つの外角は，これととなりあわない２つの内角の和に等しいから，三角形ＡＥＦについて，角イ＝74°－32°＝42°

図Ⅲ

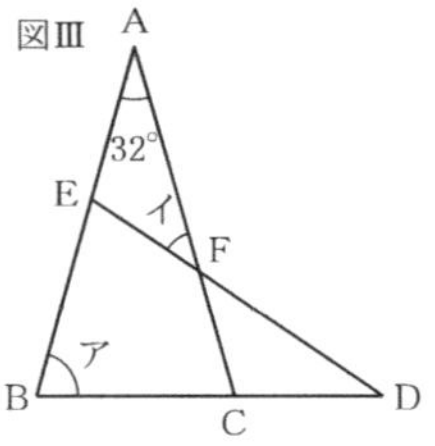

⑶　**【解き方】四角形の内角の和は360°なので，半径10cmのおうぎ形を４つ合わせると，半径が10cmの円になる。**

かげのついている部分の周囲の長さは，平行四辺形の周囲の長さから，おうぎ形の半径である10cmの８倍をひき，半径が10cmの円の円周を足せばよいので，(50＋35)×２－10×８＋10×２×3.14＝170－80＋62.8＝152.8(cm)

かげのついている部分の面積は，平行四辺形の面積から，半径が10cmの円の面積をひけばよので，

50×30－10×10×3.14＝1500－314＝1186(cm²)

⑷　切りとった直方体は，たて２cm，横３cm，高さ２cmの直方体と，たて４cm，横10cm，高さ10－４＝６(cm)の直方体だから，求める体積は，10×10×10－２×３×２－４×10×６＝1000－12－240＝748(cm³)

⑸　１つの直線を折り目にして折ったとき，両側がぴったり重なる図形を線対称な図形という。

4 ⑴　２秒後は，図形①が１×２＝２(㎝)右に動く。重なっている部分は，たて５㎝，横２㎝の長方形だから，面積は，５×２＝10(㎠)

⑵　図形①のすべてが図形②と重なっているのは，図ⅰから図ⅱの間である。図ⅰは６秒後，図ⅱは12秒後なので，求める時間は，12－６＝６(秒間)

図ⅰ

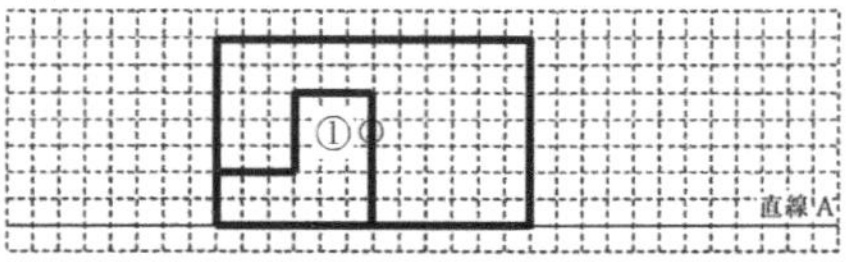

図ⅱ

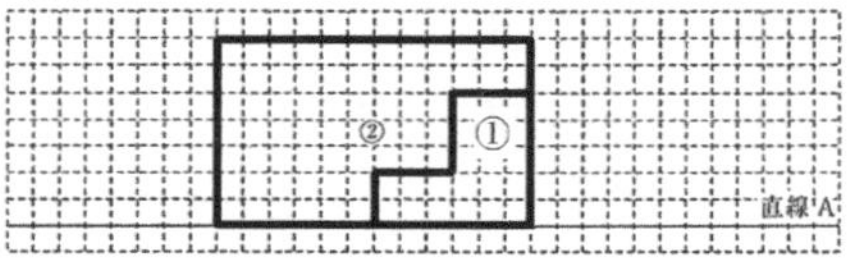

⑶　**【解き方】図形①の面積は21㎠だから，重なっていない部分の面積が21－17＝４(㎠)となるのが何秒後かを考えればよい。**
図形①が，図形②の左側にある場合と右側にある場合で，場合わけをする。

左側にある場合は，図ⅲのようになる。重なっていない部分の面積が４㎠なのだから，図ⅲの㋐の長さは４÷２＝２(㎝)である。
よって，これは４秒後だとわかる。

図ⅲ

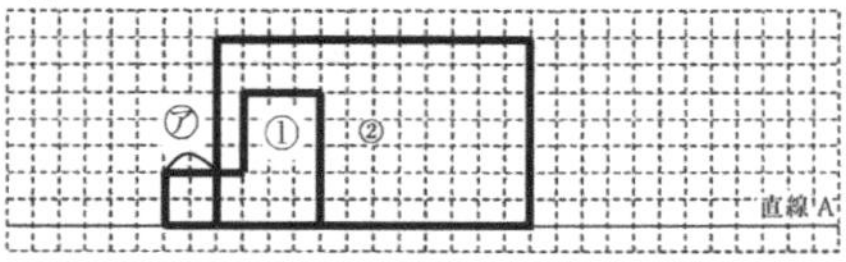

右側にある場合は，図ⅳのようになる。重なっていない部分の面積が４㎠なのだから，図ⅳの㋑の長さは４÷５＝0.8(㎝)である。
よって，これは12＋0.8＝12.8(秒後)だとわかる。
したがって，求める時間は４秒後と12.8秒後である。

図ⅳ

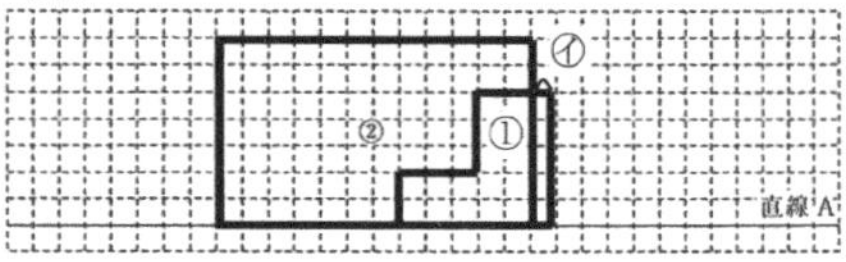

2021 解答例
令和３年度

★新潟第一中学校Ａ

《国　語》

一　問一．エ　　問二．論文を書くには、知識だけでなく思考力も必要であり、不勉強な学生の中には考える力のある者もいるため。　　問三．知識の豊富な人は思考が下手で、思考力の高い人は知識習得が不得手なことが多いということ。　　問四．コレステロールはすべて健康によくないと教えられてきたのに、体に良いものもあると言われるようになったから。　　問五．ア，エ

二　問一．リッキーさんは、小学生たちに対して営業スマイルでにこにこ笑っているのであり、ずっと感じていた嘘っぽさは間違っていなかったということ。　　問二．パパが、圭太のことを悪く言ったリッキーさんに対してこう議し、いかりを表すために机を叩いた。　　問三．ありがとう…パパがリッキーさんに対して、圭太はいい子だと強く主張してくれたこと。　ごめんなさい…ぼくがリッキーさんの求めるわんぱく少年にならなかったことで、パパが嫌な思いをしていること。　　問四．ウ　　問五．エ　　問六．今の笑顔は、本当におもしろくてうかべている笑顔であり、自然に見えるという自信。　　問七．パパも自分もやりたかったことが空振りに終わったことで、自分たちは似たもの同士だと思い、親子であることを改めて実感したから。

三　問一．１　　問二．モーター／発電機／ハードディスク　　問三．海／空気　　問四．生物にとって有害な面をもつ紫外線が、上空にあるオゾン層でほとんど吸収されるようになったから。

四　①落石　②漁業　③保証　④処分　⑤模型　⑥どうわ　⑦ときょうそう　⑧ひりょう　⑨しゅうのう　⑩さば

《算　数》

1　(1)16　(2)８　(3)0.75　(4)$2\frac{11}{12}$　(5)$\frac{13}{16}$　(6)540

2　(1)７　(2)７：８　(3)12.5　(4)15　(5)友だちの人数…５　みかんの個数…28　(6)45

3　(1)アの角…73　イの角…93　(2)[周囲の長さ，面積]　①[62.8，157]　②[62.8，142.75]　(3)24000　(4)5500

【算数の解説】

1　(1)　与式＝８＋27－19＝35－19＝16

(2)　与式＝116－108＝８

(3)　与式＝78÷(58＋46)＝78÷104＝0.75

(4)　与式＝$2\frac{8}{12}-\frac{7}{12}+\frac{10}{12}=2\frac{11}{12}$

(5)　与式＝$1-\frac{1}{4}\times(\frac{4}{4}-\frac{1}{4})=1-\frac{1}{4}\times\frac{3}{4}=\frac{16}{16}-\frac{3}{16}=\frac{13}{16}$

(6)　与式＝2.7×216－2.7×８×２＝2.7×(216－16)＝2.7×200＝540

2　(1)　与式より，96－□×□＝2021÷43　　□×□＝96－47＝49　　７×７＝49だから，□＝７

(2)　Cは，Aを$3000\times\frac{1}{1+1}$＝1500(mL)，Bを3000－1500＝1500(mL)混ぜた液体であり，
Dは，Aを$1500\times\frac{2}{2+3}$＝600(mL)，Bを1500－600＝900(mL)混ぜた液体である。
よって，求める量の比は，(1500＋600)：(1500＋900)＝2100：2400＝７：８

(3)　あおいさんは16秒で100m進むから，ひろとさんがゴールしたスタートから14秒後は，スタートから

$100\times\frac{14}{16}=87.5$(m)進んだ位置にいた。よって，ゴール手前100－87.5＝12.5(m)のところを走っていた。

⑷　**【解き方】ボールペンの本数を３本少なくすると，ボールペンとえんぴつの本数が同じになる。**

このとき，代金の合計は2760－120×３＝2400(円)となり，えんぴつ１本とボールペン１本は合わせて80＋120＝200(円)だから，えんぴつとボールペンは2400÷200＝12(本)ずつ買ったことになる。

よって，実際に買ったボールペンの本数は，12＋３＝15(本)

⑸　友だち１人に対して配るみかんの個数を５－３＝２(個)増やすと，配るのに必要なみかんの個数は13－３＝10(個)増えるから，友だちは10÷２＝５(人)で，みかんは３×５＋13＝28(個)

⑹　30％引きしたあとの金額は2000＋30＝2030(円)なので，30％引きする前の金額は，2030÷(１－0.3)＝2900(円)
このときの利益は2900－2000＝900(円)なので，求める割合は，$\frac{900}{2000}\times100=45$(％)

3　⑴　ＡＣとＤＥの交わる点をＦとする。

ＡＢ＝ＡＣより，角ア＝角ＡＣＢであり，角ＢＡＣ＝34°だから，角ア＝(180°－34°)÷２＝73°

合同な図形の対応する角の大きさは等しいので，角ＤＥＣ＝角ア＝73°

三角形ＣＥＦについて，三角形の１つの外角は，これととなりあわない２つの内角の和に等しいから，

角イ＝20°＋73°＝93°

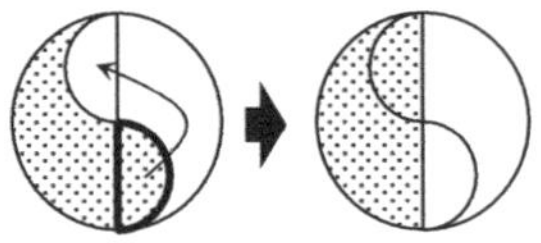

⑵①　**【解き方】面積を考えるときは，右図のようにかげのついている部分を移動させて考えるとよい。**

周囲の長さは，直径が10㎝の半円の曲線部分の長さ２つ分と，直径が10×２＝20(㎝)の半円の曲線部分の長さの和だから，10×3.14÷２×２＋20×3.14÷２＝(10＋10)×3.14＝20×3.14＝62.8(㎝)

面積は，半径が10㎝の半円の面積に等しいから，10×10×3.14÷２＝50×3.14＝157(㎠)

②　①をふまえる。周囲の長さは，直径が10㎝の半円の曲線部分の長さ２つ分と，直径が10×２＝20(㎝)，中心角が90°のおうぎ形の曲線部分の長さと，直径が10㎝，中心角が90°のおうぎ形の曲線部分の長さ２つ分の和だから，$10\times3.14\div2\times2+20\times3.14\times\frac{90°}{360°}+10\times3.14\times\frac{90°}{360°}\times2=(10+5+5)\times3.14=20\times3.14=62.8$(㎝)

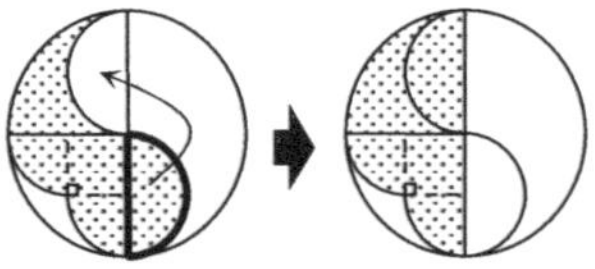

面積は，右図より，半径が10㎝，中心角が90°のおうぎ形の面積と，半径が10÷２＝５(㎝)，中心角が90°のおうぎ形の面積の２倍と，１辺が５㎝の正方形の面積の和だから，$10\times10\times3.14\times\frac{90°}{360°}+5\times5\times3.14\times\frac{90°}{360°}\times2+5\times5=$
(25＋12.5)×3.14＋25＝37.5×3.14＋25＝117.75＋25＝142.75(㎠)

⑶　底面積が30×30－10×10＝900－100＝800(㎠)，高さが30㎝だから，体積は，800×30＝24000(㎤)

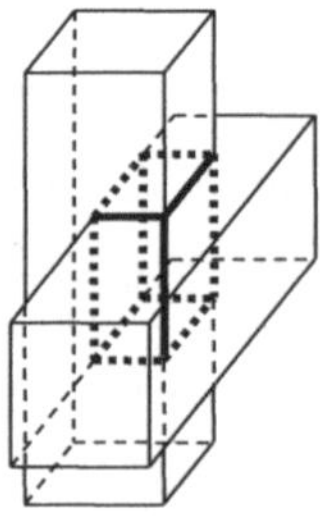

⑷　**【解き方】けずる前の２つの直方体の体積の和から，けずった部分の体積をひけばよい。**

けずった部分は，右図の太線部分である。これは，縦が10㎝，横が10－５＝５(㎝)，高さが10㎝の直方体だから，体積は，10×５×10＝500(㎤)

けずる前の１つの直方体の体積は10×10×30＝3000(㎤)だから，求める体積は，

3000＋3000－500＝5500(㎤)

2021 解答例
令和3年度

★新潟第一中学校B

《国　語》

問一　目の前に誰もいなくても、手紙や写真、思い出などを通じて誰かと一緒にいることができ、想像の中で、見知らぬ人や亡くなった家族やペットと一緒にいることもできる。さらには、昔を思い起こして自分に呼びかければ、昔の自分と一緒にいると考えることができるから。

問二　(話しかけないを選んだ場合の例文)その人は、友だちと実際に話をするよりも本を読む方が好きで、読書をする中でいろいろな人とつながったり、会話をしたりしているのかもしれず、それをじゃましたくはないから。

《算　数》

(1)　本を借りた人数は，火曜日が一番多い。／本を借りた人数は，金曜日が一番少ない。／月曜日と木曜日の本を借りた人数は等しい。／本を借りた人数は，火曜日からはだんだん少なくなっている。などから3つ

(2)　右図

(3)　((2)で〈時間帯〉を選んだ場合)
本を借りた人数は，昼休みが一番多く，始業前と業間休みが一番少ない。また，始業前で本を借りた人数と，業間休みで本を借りた人数は等しい。
((2)で〈借りた人の学年〉を選んだ場合)
本を借りた人数は，４学年が一番多く，１学年と２学年が一番少ない。また，１学年と２学年，５学年と６学年の本を借りた人数はそれぞれ等しい。
((2)で〈本の種類〉を選んだ場合)
本を借りた人数は，文学が一番多く，芸術が一番少ない。また，科学の本を借りた人数と，社会の本を借りた人数は等しい。

〈時間帯〉を選んだ場合の表とグラフ

時間帯	本を借りた人数
始業前	4
業間休み	4
昼休み	13
放課後	7
計	28

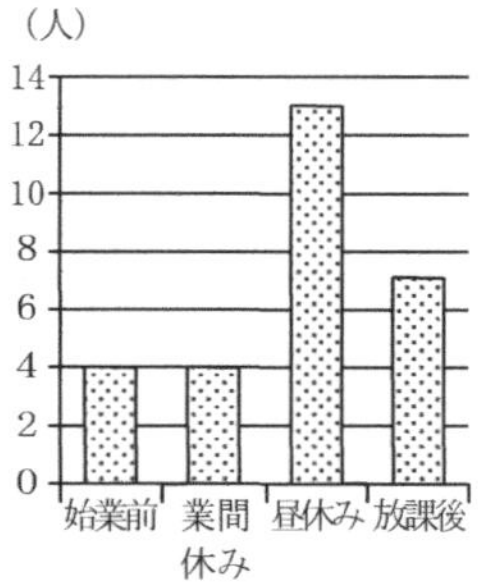

〈借りた人の学年〉を選んだ場合の表とグラフ

借りた人の学年	本を借りた人数
1	3
2	3
3	6
4	8
5	4
6	4
計	28

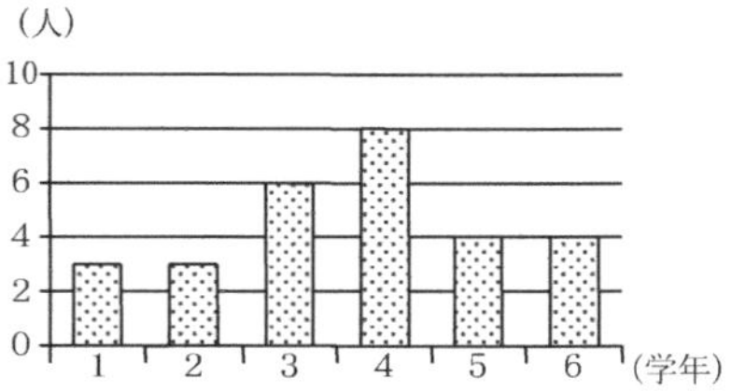

〈本の種類〉を選んだ場合の表とグラフ

本の種類	本を借りた人数
文学	13
科学	5
社会	5
産業	3
芸術	2
計	28

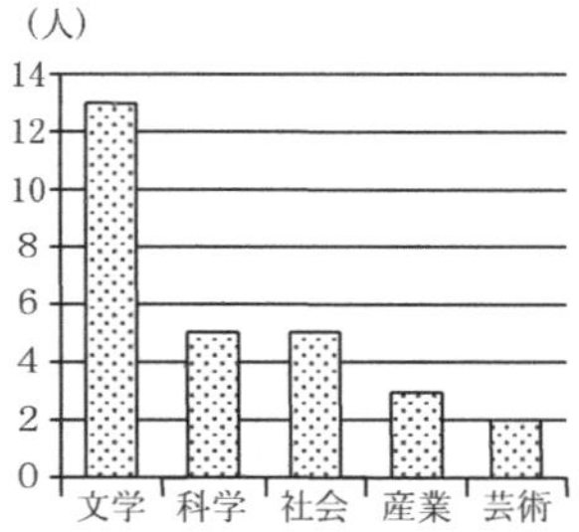

【算数の解説】

この問題に限らず，表やグラフからわかることをかく問題は，表やグラフから予想できることなどはかかず，実際に表やグラフから読み取れることのみをかくと，上手くまとめることができる。

また，今回の問題は一週間のみを記録しており，問題の表で火曜日の人数が多いことから，毎週火曜日は借りる人数が多いとは考えることができないので，気をつけよう。

新潟第一中学校Ａ

《国　語》

一　問一．ウ　問二．論理　問三．用件だけを率直に言わず、その場の状況を全部読み込んだうえで会話をする傾向が強い言語。　問四．ア　問五．日本語は、言いたいことをややぼやかして言う言語なので、愛らしいという率直な言い方はしないから。　問六．エ

二　問一．①七面鳥に気づかれたくなかった　②恭一君にびっくりさせられないよう気をつけた　問二．イ　問三．すると安雄　問四．ア　問五．かぶと虫がいつか指からすりぬけて、逃げてしまった　問六．金平ちゃん…金平ちゃんのお腹が治ればまた遊べると思ったので、ちょっとがっかりするくらいですんだ。　恭一君…盆や正月に恭一君が帰ってくれば、まだ遊べると思ったので、のぞみを失うことはなかった。　安雄さん…安雄さんとはもう同じ世界でいっしょに遊ぶことは二度とないとわかったので、のぞみを失い、胸に悲しみが広がった。

三　問一．Ｂ　問二．つぶの小さい砂や泥からできていて水が地下にしみこみにくいから。　問三．周辺の方が中心部より気圧が高いので、周辺から中心部へ向かって風がふき、中心部の空気は上空に向かって移動し、雲が発生することが多い。　問四．公転により金星と地球の距離が変化し、太陽の光を反射して光って見えるから。

四　①寒　②試　③衛星　④臨時　⑤探　⑥おんど　⑦きざ　⑧こころよ　⑨つ　⑩ちんたい

《算　数》

1　(1)9　(2)45　(3)2　(4)1　(5)3　(6)$\frac{1}{3}$

2　(1)36　(2)950　(3)285　(4)465　(5)ア．84　イ．4　(6)3，20　(7)3

3　(1)40　(2)981.25　(3)①面積…3900　体積…15000　②3225

【算数の解説】

1
(1)　与式＝14－5＝9

(2)　与式＝9＋36＝45

(3)　与式＝28÷(12＋2)＝28÷14＝2

(4)　与式＝$(\frac{1}{2}-\frac{1}{3}+\frac{7}{6})\times\frac{3}{4}=(\frac{3}{6}-\frac{2}{6}+\frac{7}{6})\times\frac{3}{4}=\frac{8}{6}\times\frac{3}{4}=1$

(5)　0.35×3と0.35×7を引くということは，0.35×3＋0.35×7を引くということだから，
与式＝0.65×8＋0.65×2－(0.35×3＋0.35×7)＝0.65×(8＋2)－0.35×(3＋7)＝0.65×10－0.35×10＝6.5－3.5＝3

(6)　与式＝$(\frac{3}{2}+\frac{2}{3})\times\frac{2}{39}+\frac{2}{15}\div\frac{3}{5}=(\frac{9}{6}+\frac{4}{6})\times\frac{2}{39}+\frac{2}{15}\times\frac{5}{3}=\frac{13}{6}\times\frac{2}{39}+\frac{2}{9}=\frac{1}{9}+\frac{2}{9}=\frac{3}{9}=\frac{1}{3}$

2
(1)　ある数をＸとすると，(Ｘ×3－12)÷4＝24　Ｘ×3－12＝24×4　Ｘ×3－12＝96
Ｘ×3＝96＋12　Ｘ×3＝108　Ｘ＝108÷3＝36

(2)　売られていた値段は1250×(1－0.2)＝1000(円)なので，買った値段は1000×(1－0.05)＝950(円)である。
20％と5％はそれぞれもととなる値《あたい》が異なるので，1250円の20＋5＝25(％)引きと計算してはいけない。

(3)　1日目が終わったとき残りのページ数は全体の$1-\frac{2}{5}=\frac{3}{5}$で，そこから76ページ読むと残り数は全体の$\frac{1}{3}$となるから，76ページは，全体の$\frac{3}{5}-\frac{1}{3}=\frac{4}{15}$である。よって，全体のページ数は，$76\div\frac{4}{15}$＝285(ページ)である。

(4)　棒の高さとかげの長さの比は，60：80＝3：4である。木の高さとかげの長さの比はこれに等しいから，

木のかげが6.2m＝620 cmのとき，木の高さは$620\times\frac{3}{4}$＝465(cm)である。解答欄《かいとうらん》の単位がcmであることに注意する。

(5)　1日＝24時間なので，2020÷24＝84余り4より，2020時間はア 84 日とイ 4 時間である。

(6)　行きは16÷12＝$\frac{4}{3}$＝$1\frac{1}{3}$(時間)，帰りは16÷8＝2(時間)かかる。$\frac{1}{3}$時間＝($\frac{1}{3}\times60$)分＝20分なので，往復するのに1時間20分＋2時間＝3時間20分かかる。

(7)　13÷37＝0.351351…となるので，$\frac{13}{37}$を小数で表したとき，小数第1位から3，5，1の3個の数字がくり返される。100÷3＝33余り1より，小数第100位の数字は，3，5，1を33回くり返した後の1番目の数なので，3とわかる。

3　(1)　右図のように作図する。三角形ＯＢＣと三角形ＯＥＦについて，対頂角は等しいので，角ＢＯＣ＝角ＥＯＦである。よって，角ＯＢＣ＋角ＯＣＢ＝角ＯＥＦ＋角ＯＦＥ＝角ア＋30度である。したがって，四角形ＡＢＣＤについて，内角の和は360度なので，角ア＝360－75－60－30－70－85＝40(度)である。

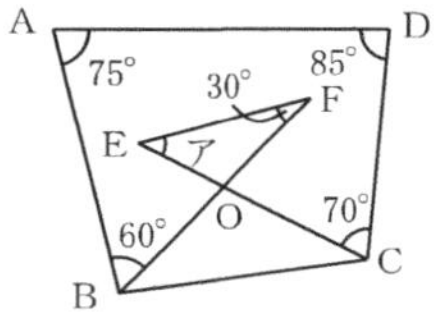

(2)　馬が行動できる範囲は，右図のように表せるので，㋐と㋑の面積の和で求める。

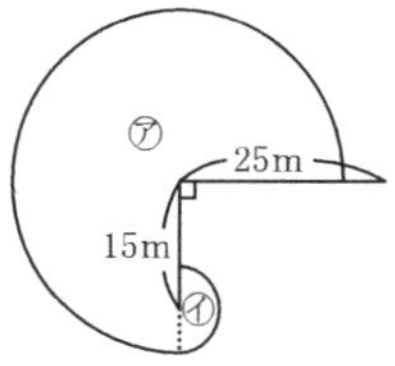

㋐は半径が20m，中心角が360－90＝270(度)のおうぎ形なので，面積は，$20\times20\times3.14\times\frac{270}{360}$＝300×3.14(m²)である。㋑は半径が20－15＝5(m)の半円なので，面積は，5×5×3.14÷2＝12.5×3.14(m²)である。したがって，求める面積は，300×3.14＋12.5×3.14＝(300＋12.5)×3.14＝312.5×3.14＝981.25(m²)である。

(3)①　展開図の面積は，表面積に等しい。図1の立体は，上底が30 cm，下底が45 cm，高さが20 cmの台形を底面とすると，高さが20 cmの四角柱である。よって，底面積は(30＋45)×20÷2＝750(cm²)である。
(角柱の側面積)＝(底面の周りの長さ)×(高さ)なので，側面積は(30＋25＋45＋20)×20＝2400(cm²)である。
したがって，展開図の面積は750×2＋2400＝3900(cm²)，体積は750×20＝15000(cm³)である。

②　①で求めた体積から，くりぬいた円柱部分の体積を引いて求める。くりぬいた円柱部分を2つ合わせると，右図のような高さが30＋45＝75(cm)の円柱になる。円柱の底面の半径は20÷2＝10(cm)だから，右図の円柱の体積は，10×10×3.14×75＝7500×3.14(cm³)
よって，くりぬいた体積は，7500×3.14÷2＝3750×3.14＝11775(cm³)だから，
求める体積は，15000－11775＝3225(cm³)である。

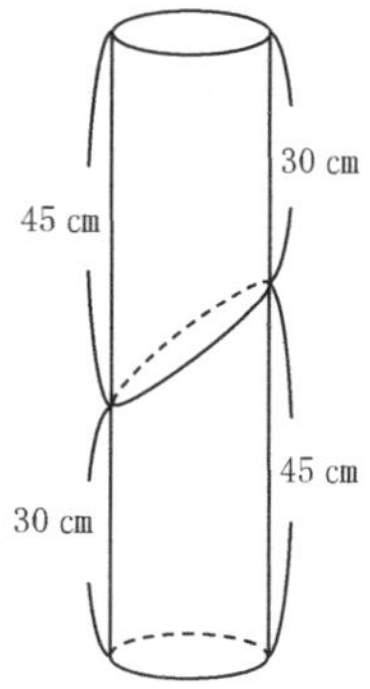

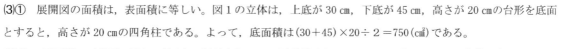

新潟第一中学校Ｂ

《国　語》

問一　新聞は知るおもしろさを提供し、読み捨てられることを予期して作られているため、読むことによって自分の意見をもつことはないから。

問二　「なぜ」「どのように」を抜かして書かれた記事を、知的好奇心を刺激されながら、自らの思考を働かせて読むこと。

《算　数》

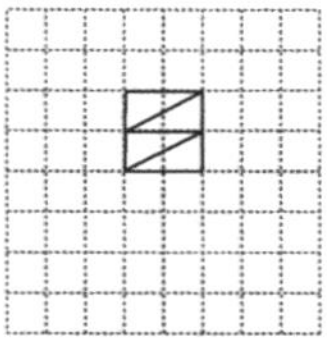
正方形

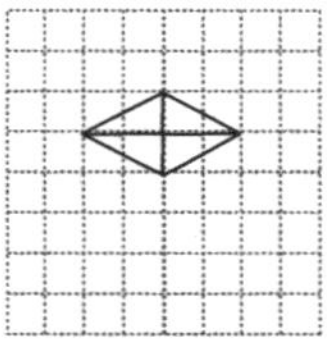
ひし形

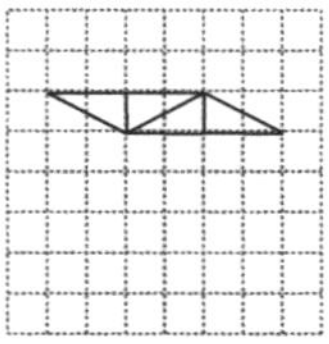
平行四辺形

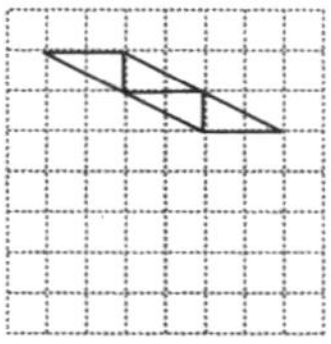
平行四辺形

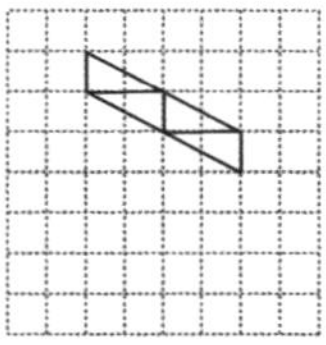
平行四辺形

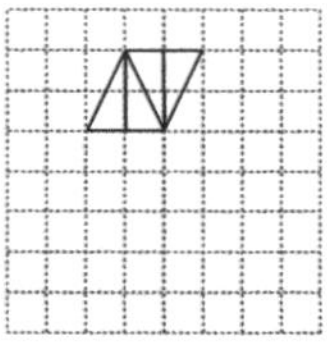
平行四辺形

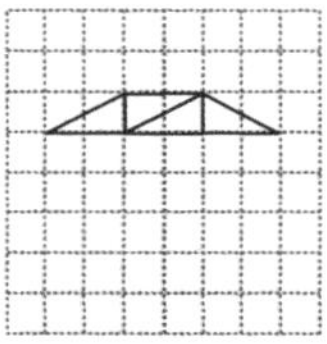
台形

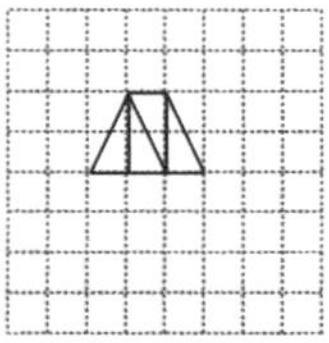
台形

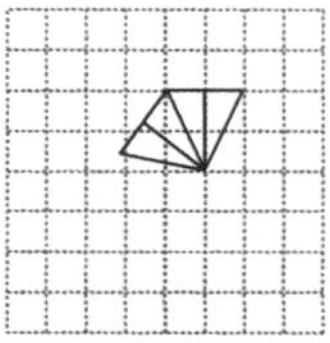
その他

【算数の解説】

１つの直角三角形を固定して考える。固定する直角三角形を右図①の三角形ＡＢＣとする。

図①

三角形ＡＢＣの３辺それぞれに別の直角三角形の辺を合わせた図形を考えると，四角形ができないとわかる。したがって，三角形ＡＢＣの３辺のうちどの２辺に別の直角三角形の辺を合わせるかで，場合を分けて考える。

辺ＡＢと辺ＢＣが合わさるとき，できる四角形は，図②，③の２種類ある。

辺ＢＣと辺ＣＡが合わさるとき，できる四角形は，図④，⑤，⑥の３種類ある。

辺ＣＡと辺ＡＢが合わさるとき，できる四角形は，図⑦，図⑧，図⑨，図⑩の４種類ある。よって，全部で２＋３＋４＝９(種類)作図できる。

この９種類はそれぞれ，解答例と合同な四角形である。

なお，図⑪，図⑫のような図形も作ることができる。このようなへこみのある四角形(１つの内角が180度より大きい四角形)は，小学校・中学校の課程では四角形としてあつかわないことが多いので，解答にふくめなくてよい。

図②　図③　図④　図⑤　図⑥
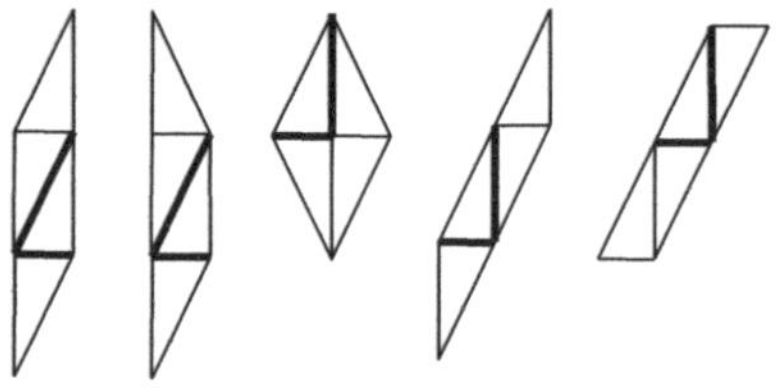

図⑦　図⑧　図⑨　図⑩

図⑪　図⑫
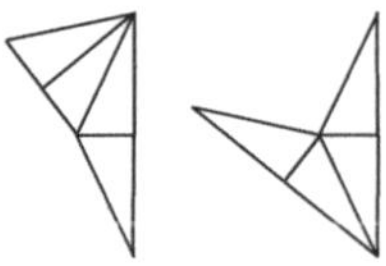

■ ご使用にあたってのお願い・ご注意

（1）問題文等の非掲載

著作権上の都合により，問題文や図表などの一部を掲載できない場合があります。

誠に申し訳ございませんが，ご了承くださいますようお願いいたします。

（2）過去問における時事性

過去問題集は，学習指導要領の改訂や社会状況の変化，新たな発見などにより，現在とは異なる表記や解説になっている場合があります。過去問の特性上，出題当時のままで出版していますので，あらかじめご了承ください。

（3）配点

学校等から配点が公表されている場合は，記載しています。公表されていない場合は，記載していません。

独自の予想配点は，出題者の意図と異なる場合があり，お客様が学習するうえで誤った判断をしてしまう恐れがあるため記載していません。

（4）無断複製等の禁止

購入された個人のお客様が，ご家庭でご自身またはご家族の学習のためにコピーをすることは可能ですが，それ以外の目的でコピー，スキャン，転載（ブログ，ＳＮＳなどでの公開を含みます）などをすることは法律により禁止されています。学校や学習塾などで，児童生徒のためにコピーをして使用することも法律により禁止されています。

ご不明な点や，違法な疑いのある行為を確認された場合は，弊社までご連絡ください。

（5）けがに注意

この問題集は針を外して使用します。針を外すときは，けがをしないように注意してください。また，表紙カバーや問題用紙の端で手指を傷つけないように十分注意してください。

（6）正誤

制作には万全を期しておりますが，万が一誤りなどがございましたら，弊社までご連絡ください。

なお，誤りが判明した場合は，弊社ウェブサイトの「ご購入者様のページ」に掲載しておりますので，そちらもご確認ください。

■ お問い合わせ

解答例，解説，印刷，製本など，問題集発行におけるすべての責任は弊社にあります。

ご不明な点がございましたら，弊社ウェブサイトの「お問い合わせ」フォームよりご連絡ください。迅速に対応いたしますが，営業日の都合で回答に数日を要する場合があります。

ご入力いただいたメールアドレス宛に自動返信メールをお送りしています。自動返信メールが届かない場合は，「よくある質問」の「メールの問い合わせに対し返信がありません。」の項目をご確認ください。

また弊社営業日（平日）は，午前９時から午後５時まで，電話でのお問い合わせも受け付けています。

2025 春

株式会社教英出版

〒422-8054　静岡県静岡市駿河区南安倍３丁目 12-28

TEL　054-288-2131　　FAX　054-288-2133

URL　https://kyoei-syuppan.net/

MAIL siteform@kyoei-syuppan.net

神奈川県

- ①[県立]
  - 相模原中等教育学校
  - 平塚中等教育学校
- ②[市立]南高等学校附属中学校
- ③[市立]横浜サイエンスフロンティア高等学校附属中学校
- ④[市立]川崎高等学校附属中学校
- ✿⑤聖光学院中学校
- ✿⑥浅野中学校
- ⑦洗足学園中学校
- ⑧法政大学第二中学校
- ⑨逗子開成中学校(1次)
- ⑩逗子開成中学校(2·3次)
- ⑪神奈川大学附属中学校(第1回)
- ⑫神奈川大学附属中学校(第2·3回)
- ⑬栄光学園中学校
- ⑭フェリス女学院中学校

新潟県

- ①[県立]
  - 村上中等教育学校
  - 柏崎翔洋中等教育学校
  - 燕中等教育学校
  - 津南中等教育学校
  - 直江津中等教育学校
  - 佐渡中等教育学校
- ②[市立]高志中等教育学校
- ③新潟第一中学校
- ④新潟明訓中学校

石川県

- ①[県立]金沢錦丘中学校
- ②星稜中学校

福井県

- ①[県立]高志中学校

山梨県

- ①山梨英和中学校
- ②山梨学院中学校
- ③駿台甲府中学校

長野県

- ①[県立]
  - 屋代高等学校附属中学校
  - 諏訪清陵高等学校附属中学校
- ②[市立]長野中学校

岐阜県

- ①岐阜東中学校
- ②鶯谷中学校
- ③岐阜聖徳学園大学附属中学校

静岡県

- ①[国立]静岡大学教育学部附属中学校(静岡·島田·浜松)
- ②
  - [県立]清水南高等学校中等部
  - [県立]浜松西高等学校中等部
  - [市立]沼津高等学校中等部
- ③不二聖心女子学院中学校
- ④日本大学三島中学校
- ⑤加藤学園暁秀中学校
- ⑥星陵中学校
- ⑦東海大学付属静岡翔洋高等学校中等部
- ⑧静岡サレジオ中学校
- ⑨静岡英和女学院中学校
- ⑩静岡雙葉中学校
- ⑪静岡聖光学院中学校
- ⑫静岡学園中学校
- ⑬静岡大成中学校
- ⑭城南静岡中学校
- ⑮静岡北中学校
- ⑯
  - 常葉大学附属常葉中学校
  - 常葉大学附属橘中学校
  - 常葉大学附属菊川中学校
- ⑰藤枝明誠中学校
- ⑱浜松開誠館中学校
- ⑲静岡県西遠女子学園中学校
- ⑳浜松日体中学校
- ㉑浜松学芸中学校

愛知県

- ①[国立]愛知教育大学附属名古屋中学校
- ②愛知淑徳中学校
- ③
  - 名古屋経済大学市邨中学校
  - 名古屋経済大学高蔵中学校
- ④金城学院中学校
- ⑤椙山女学園中学校
- ⑥東海中学校
- ⑦南山中学校男子部
- ⑧南山中学校女子部
- ⑨聖霊中学校
- ⑩滝中学校
- ⑪名古屋中学校
- ⑫大成中学校
- ⑬愛知中学校
- ⑭星城中学校
- ⑮名古屋葵大学中学校(名古屋女子大学中学校)
- ⑯愛知工業大学名電中学校
- ⑰海陽中等教育学校(特別給費生)
- ⑱海陽中等教育学校(I·II)
- ⑲中部大学春日丘中学校
- 新刊⑳名古屋国際中学校

三重県

- ①[国立]三重大学教育学部附属中学校
- ②暁中学校
- ③海星中学校
- ④四日市メリノール学院中学校
- ⑤高田中学校
- ⑥セントヨゼフ女子学園中学校
- ⑦三重中学校
- ⑧皇學館中学校
- ⑨鈴鹿中等教育学校
- ⑩津田学園中学校

滋賀県

- ①[国立]滋賀大学教育学部附属中学校
- ②[県立]
  - 河瀬中学校
  - 守山中学校
  - 水口東中学校

京都府

- ①[国立]京都教育大学附属桃山中学校
- ②[府立]洛北高等学校附属中学校
- ③[府立]園部高等学校附属中学校
- ④[府立]福知山高等学校附属中学校
- ⑤[府立]南陽高等学校附属中学校
- ⑥[市立]西京高等学校附属中学校
- ⑦同志社中学校
- ⑧洛星中学校
- ⑨洛南高等学校附属中学校
- ⑩立命館中学校
- ⑪同志社国際中学校
- ⑫同志社女子中学校(前期日程)
- ⑬同志社女子中学校(後期日程)

大阪府

- ①[国立]大阪教育大学附属天王寺中学校
- ②[国立]大阪教育大学附属平野中学校
- ③[国立]大阪教育大学附属池田中学校

④[府立]富田林中学校
⑤[府立]咲くやこの花中学校
⑥[府立]水都国際中学校
⑦清風中学校
⑧高槻中学校（A日程）
⑨高槻中学校（B日程）
⑩明星中学校
⑪大阪女学院中学校
⑫大谷中学校
⑬四天王寺中学校
⑭帝塚山学院中学校
⑮大阪国際中学校
⑯大阪桐蔭中学校
⑰開明中学校
⑱関西大学第一中学校
⑲近畿大学附属中学校
⑳金蘭千里中学校
㉑金光八尾中学校
㉒清風南海中学校
㉓帝塚山学院泉ヶ丘中学校
㉔同志社香里中学校
㉕初芝立命館中学校
㉖関西大学中等部
㉗大阪星光学院中学校

兵庫県

①[国立]神戸大学附属中等教育学校
②[県立]兵庫県立大学附属中学校
③雲雀丘学園中学校
④関西学院中学部
⑤神戸女学院中学部
⑥甲陽学院中学校
⑦甲南中学校
⑧甲南女子中学校
⑨灘中学校
⑩親和中学校
⑪神戸海星女子学院中学校
⑫滝川中学校
⑬啓明学院中学校
⑭三田学園中学校
⑮淳心学院中学校
⑯仁川学院中学校
⑰六甲学院中学校
⑱須磨学園中学校（第1回入試）
⑲須磨学園中学校（第2回入試）
⑳須磨学園中学校（第3回入試）
㉑白陵中学校
㉒夙川中学校

奈良県

①[国立]奈良女子大学附属中等教育学校
②[国立]奈良教育大学附属中学校
③[県立]（国際中学校
青翔中学校
④[市立]一条高等学校附属中学校
⑤帝塚山中学校
⑥東大寺学園中学校
⑦奈良学園中学校
⑧西大和学園中学校

和歌山県

①[県立]（古佐田丘中学校
向陽中学校
桐蔭中学校
日高高等学校附属中学校
田辺中学校
②智辯学園和歌山中学校
③近畿大学附属和歌山中学校
④開智中学校

岡山県

①[県立]岡山操山中学校
②[県立]倉敷天城中学校
③[県立]岡山大安寺中等教育学校
④[県立]津山中学校
⑤岡山中学校
⑥清心中学校
⑦岡山白陵中学校
⑧金光学園中学校
⑨就実中学校
⑩岡山理科大学附属中学校
⑪山陽学園中学校

広島県

①[国立]広島大学附属中学校
②[国立]広島大学附属福山中学校
③[県立]広島中学校
④[県立]三次中学校
⑤[県立]広島叡智学園中学校
⑥[市立]広島中等教育学校
⑦[市立]福山中学校
⑧広島学院中学校
⑨広島女学院中学校
⑩修道中学校
⑪崇徳中学校
⑫比治山女子中学校
⑬福山暁の星女子中学校
⑭安田女子中学校
⑮広島なぎさ中学校
⑯広島城北中学校
⑰近畿大学附属広島中学校福山校
⑱盈進中学校
⑲如水館中学校
⑳ノートルダム清心中学校
㉑銀河学院中学校
㉒近畿大学附属広島中学校東広島校
㉓AICJ中学校
㉔広島国際学院中学校
㉕広島修道大学ひろしま協創中学校

山口県

①[県立]（下関中等教育学校
高森みどり中学校
②野田学園中学校

徳島県

①[県立]（富岡東中学校
川島中学校
城ノ内中等教育学校
②徳島文理中学校

香川県

①大手前丸亀中学校
②香川誠陵中学校

愛媛県

①[県立]（今治東中等教育学校
松山西中等教育学校
②愛光中学校
③済美平成中等教育学校
④新田青雲中等教育学校

高知県

①[県立]（安芸中学校
高知国際中学校
中村中学校

福岡県

①[国立]福岡教育大学附属中学校（福岡·小倉·久留米）
②[県立]
- 育徳館中学校
- 門司学園中学校
- 宗像中学校
- 嘉穂高等学校附属中学校
- 輝翔館中等教育学校

③西南学院中学校
④上智福岡中学校
⑤福岡女学院中学校
⑥福岡雙葉中学校
⑦照曜館中学校
⑧筑紫女学園中学校
⑨敬愛中学校
⑩久留米大学附設中学校
⑪飯塚日新館中学校
⑫明治学園中学校
⑬小倉日新館中学校
⑭久留米信愛中学校
⑮中村学園女子中学校
⑯福岡大学附属大濠中学校
⑰筑陽学園中学校
⑱九州国際大学付属中学校
⑲博多女子中学校
⑳東福岡自彊館中学校
㉑八女学院中学校

佐賀県

①[県立]
- 香楠中学校
- 致遠館中学校
- 唐津東中学校
- 武雄青陵中学校

②弘学館中学校
③東明館中学校
④佐賀清和中学校
⑤成穎中学校
⑥早稲田佐賀中学校

長崎県

①[県立]
- 長崎東中学校
- 佐世保北中学校
- 諫早高等学校附属中学校

②青雲中学校
③長崎南山中学校
④長崎日本大学中学校
⑤海星中学校

熊本県

①[県立]
- 玉名高等学校附属中学校
- 宇土中学校
- 八代中学校

②真和中学校
③九州学院中学校
④ルーテル学院中学校
⑤熊本信愛女学院中学校
⑥熊本マリスト学園中学校
⑦熊本学園大学付属中学校

大分県

①[県立]大分豊府中学校
②岩田中学校

宮崎県

①[県立]五ヶ瀬中等教育学校
②[県立]
- 宮崎西高等学校附属中学校
- 都城泉ヶ丘高等学校附属中学校

③宮崎日本大学中学校
④日向学院中学校
⑤宮崎第一中学校

鹿児島県

①[県立]楠隼中学校
②[市立]鹿児島玉龍中学校
③鹿児島修学館中学校
④ラ・サール中学校
⑤志學館中等部

沖縄県

①[県立]
- 与勝緑が丘中学校
- 開邦中学校
- 球陽中学校
- 名護高等学校附属桜中学校

もっと過去問シリーズ

北海道

北嶺中学校
7年分(算数・理科・社会)

静岡県

静岡大学教育学部附属中学校
(静岡·島田·浜松)
10年分(算数)

愛知県

愛知淑徳中学校
7年分(算数・理科・社会)
東海中学校
7年分(算数・理科・社会)
南山中学校男子部
7年分(算数・理科・社会)
南山中学校女子部
7年分(算数・理科・社会)
滝中学校
7年分(算数・理科・社会)
名古屋中学校
7年分(算数・理科・社会)

岡山県

岡山白陵中学校
7年分(算数・理科)

広島県

広島大学附属中学校
7年分(算数・理科・社会)
広島大学附属福山中学校
7年分(算数・理科・社会)
広島学院中学校
7年分(算数・理科・社会)
広島女学院中学校
7年分(算数・理科・社会)
修道中学校
7年分(算数・理科・社会)
ノートルダム清心中学校
7年分(算数・理科・社会)

愛媛県

愛光中学校
7年分(算数・理科・社会)

福岡県

福岡教育大学附属中学校
(福岡·小倉·久留米)
7年分(算数・理科・社会)
西南学院中学校
7年分(算数・理科・社会)
久留米大学附設中学校
7年分(算数・理科・社会)
福岡大学附属大濠中学校
7年分(算数・理科・社会)

佐賀県

早稲田佐賀中学校
7年分(算数・理科・社会)

長崎県

青雲中学校
7年分(算数・理科・社会)

鹿児島県

ラ·サール中学校
7年分(算数・理科・社会)

※もっと過去問シリーズは
国語の収録はありません。

教英出版
〒422-8054
静岡県静岡市駿河区南安倍3丁目12-28
TEL 054-288-2131
FAX 054-288-2133
詳しくは教英出版で検索
教英出版 検索
URL https://kyoei-syuppan.net/

令和６年度中学校第１回入学試験問題

国　　語

（40分）

注　意

1．「始め」の合図《あいず》があるまで，この問題を開かないでください。
2．この問題は，全部で10ページです。印刷のはっきりしないところがあれば，試験監督《かんとく》の先生に申し出てください。
3．受験番号は，この問題の表紙および別紙解答用紙の指定されたところに必ず記入してください。
4．解答は，すべて別紙解答用紙に記入してください。
5．字数制限のある問題については，記号・句読点も一字とかぞえてください。

新潟第一中学校

受　験　番　号

2024(R6) 新潟第一中
K 教英出版

一

次の文章を読んで、後の問いに答えなさい。なお、一部の語にふりがなと注をつけています。

山路《やまじ》来て何やらゆかし菫草《すみれぐさ》　（『野ざらし紀行』）

松尾芭蕉《まつおばしょう》の句に詠《よ》まれるように、スミレは山道のやや明るいところによく生えている。［　1　］、山野に咲くイメージが強いスミレも、気をつけてみるとコンクリートの割れ目や石垣の隙間《すきま》など、街のなかでも見ることができる。

スミレの種子には「エライオソーム」というゼリー状の物質が付着している。この物質はアリの好物で、お菓子の「おまけ」のような役割を果たしている。子どもたちが「おまけ」欲しさにお菓子を衝動《しょうどう》買いしてしまうように、アリもまたエライオソームを餌《えさ》とするために種子を自分の巣に持ち帰るのだ。①このアリの行動によってスミレの種子は遠くへ運ばれるのである。

しかし、アリの巣は地面の下にある。地中深くへと持ち運ばれたスミレは芽を出すことができるのだろうか。もちろん心配はご無用。②これも計算のうちである。

アリがエライオソームを食べ終わると、種子が残る。種子はアリにとっては食べられないゴミなので、巣の外へ捨ててしまうのだ。このアリの行動によってスミレの種子はみごとに散布されるのである。

アリの巣は必ず土のある場所にある。街のなかではアリの巣の出入口はアスファルトやコンクリートの隙間をうまく利用している。野の花のイメージが強いスミレが街の片隅《かたすみ》のコンクリートの隙間や石垣《いしがき》に生えているのは、わずかな土を選んでアリに種を播《ま》いてもらっているからにほかならない。［　2　］、アリのごみ捨て場には、ほかにも植物の食べかすなども捨てられているから、水分も栄養分も豊富に保たれているという特典つきである。

スミレは花にも驚くべき秘密がある。スミレの花をよく見ると、花を長くして後ろへ突き出た形になっている。この突き出ているのが「距《きょ》」と呼ばれる部分である。距は蜜《みつ》の容《い》れ物になっている。茎《くき》は前方の花の部分と後方の距の真ん中についていて、やじろべえのようにバランスをとっている。花を長くするために、中央でバランスをとるような構造になっているのである。

そうまでして花を長くしたのには理由がある。花にはさまざまな虫が訪れる。花粉を運んでくれる虫もいれば、花粉を運ばずに蜜だけを盗んでいく虫もいる。スミレは③玉石混淆の虫のなかから、真に花粉を運んでくれるパートナーを選び出さなければならない。そのため長い花を作り上げたのである。

『イソップ物語』の「ツルとキツネ」では、ツルがごちそうした長い筒状《つつじょう》の容器では、キツネはスープを飲むことができなかった。代わりにキツネがごちそうした平たい容器では、ツルはスープを飲むことができなかった。スミレの花粉を運んでくれるのは、［　X　］ハナバチの仲間である。だから、ツルの話と同じように長い筒状の容器を用意すればいい。これがスミレの花が長くなった理由である。

花のなかを覗《のぞ》いてみると、雌《め》しべのまわりには膜《まく》があって、ちょうど片手で水をすくうときのような形になっている。片手の中指の部分が雌しべになっていて、雌しべと膜とで花粉を入れる容れ物となるのだ。そして、雄《お》しべは花粉をこの容れ物のなかにすべて落として入れてしまうのである。

これで準備は整った。ハナバチが訪れて、花のなかに頭を突っ込むと、五本の指から中指が離れるように雌しべの部分がずれて容れ物に隙間ができる。そして、花粉がこぼれ落ちてハナバチの頭に降り注ぐのである。忍者屋敷《にんじゃやしき》のしかけを連想させるような何とも手の込んだ構造になっている。

しかし、こんなに用意周到《よういしゅうとう》に準備して待っていても、春を過ぎるとハナバチはすっかり訪れなくなってしまう。④そのころになるとスミレはつぼみ（蕾《つぼみ》）のまま、花を咲かせなくなる。別に*ふててしまったわけではない。つぼみのなかで雄しべが雌しべに直接ついて、受粉してしまうのである。開くことなく種子をつけるこの花は「閉《へい》鎖花《さか》」と呼ばれている。閉鎖花は最初から咲く気がないのである。

［３］、自分の花粉をつけるよりも他の花から運んでもらった花粉をつけるほうがいい。そのほうが、さまざまな遺伝子を持つ子孫を残すことができるからである。しかし、それはハナバチが訪れてくれればの話である。いくら理想を語っても種子が残せなければ意味が無い。そこで*次善の策として自分の花粉で受精するのである。

この閉鎖花にもメリットはある。

一つは虫まかせな方法に比べて、確実に種子を残すことができる。さらに季節にも左右されないので、ハナバチが訪れなくなった夏から秋まで種子の生産が可能である。もう一つは、コスト削減《さくげん》が可能な点にある。虫を呼び寄せるための花びらも蜜も必要ない。花粉も受粉に必要な最低限の量を用意すればいいのだ。

ひっそりと咲くスミレを「ゆかしい」と評した⑤松尾芭蕉も、［４］この花のしたたかさを知ったなら、一体どう表現しただろうか。

（稲垣栄洋『身近な雑草の愉快な生きかた』ちくま文庫）

（注）＊ふてて……ふてくされて
＊次善の策……最善についでよいこと

問一　空らん［１］［２］［３］［４］に入る言葉の組み合わせとして最も適当なものを、それぞれ次のア～エから一つ選び、記号で答えなさい。

ア　1 しかし　2 そのうえ　3 たしかに　4 もし
イ　1 そのうえ　2 たしかに　3 もし　4 しかし
ウ　1 しかし　2 また　3 たとえば　4 また
エ　1 つまり　2 また　3 たしかに　4 もし

問二　――線部①「アリの行動」とありますが、アリは種子を巣に持ち帰ったあと、どうするのですか。二十字以上三十字以内で答えなさい。

問三　――線部②「これ」とはどういうことですか。二十字以上三十字以内で答えなさい。

問四　――線部③「玉石混淆」は「ぎょくせきこんこう」と読み、「すぐれたものとつまらないものとがいりまじっていること」という意味の四字熟語です。これをふまえた上で、「玉」にあたるものを文章中から十字以内でぬき出して答えなさい。

問五　空らん［　X　］に入る言葉として最も適当なものを、次のア～エから一つ選び、記号で答えなさい。

ア　舌を大きく広げることのできる
イ　舌を長く伸ばすことのできる
ウ　舌をすばやく動かすことのできる
エ　舌を小さく丸めることのできる

問六　――線部④「そのころになるとスミレはつぼみ（蕾）のまま、花を咲かせなくなる」とありますが、そうしたときの利点を、それぞれ十字以上二十字以内で二点答えなさい。

問七　この文章を大きく二つに分けるとすると、後半はどこからですか。後半の初めの五字をぬき出して答えなさい。

問八　――線部⑤「松尾芭蕉」が詠《よ》んだ俳句として正しいものを、次のア～エから一つ選び、記号で答えなさい。

ア　菜の花や月は東に日は西に
イ　雪解けて村いっぱいの子どもかな
ウ　遠山に日の当たりたる枯野かな
エ　古池やかわず飛び込む水の音

問九　この文章の内容として正しいものを、次のア～エから一つ選び、記号で答えなさい。

ア　スミレの種子は、アリにとってお菓子の「おまけ」のような役割をはたしている。
イ　スミレの「距」は花と茎の間にあって、やじろべえのようにバランスをとっている。
ウ　スミレの花が手の込んだ構造になっているのは、ハナバチに花粉を運んでもらうためである。
エ　スミレの「閉鎖花」は、最初からハナバチに花粉を運んでもらおうと思っている。

二　**次の文章を読んで、後の問いに答えなさい。なお、一部の語にふりがなと注をつけています。**

勝負事ということが、話題になった時に、私の友達の一人が、次のような話をしました。

「私は子供の時から、勝負事というと、どんな些細《ささい》なことでも、厳しく戒《いまし》められて来ました。幼年時代には、誰《だれ》でも一度は、弄《もてあそ》ぶにきまっている、＊めんこ、ねっき、ばいなどというものにも、ついぞ手を触《ふ》れることを許されませんでした。

①『勝負事は、身を滅《ほろ》ぼす基《もと》じゃから、真似《まね》でもしてはならんぞ』と、父は口癖《くちぐせ》のように幾度《いくど》も幾度も繰《く》り返して私を戒めました。そうした父の懸命《けんめい》な訓戒《くんかい》が、いつの間にか、私の心のうちに勝負事に対する憎悪《ぞうお》の情を、培《つちか》っていったのでしょう。小学校時代などには、友達がめんこを始めると、そっとその場から逃《に》げ帰って来たほど、殊勝《しゅしょう》な心持でいたものです。

私の父が、いろいろな憎悪の中から、勝負事だけを、なにゆえこんなに取り分けて戒めたかということは、私が十三、四になってから、やっと分《わか》ったことなのです。

私の家というのは、私が物心を覚えて以来、ずっと貧乏《びんぼう》で、＊一町《いっちょう》ばかりの田畑を＊小作して得るわずかな収入で、親子四人が［ a ］暮《くら》していたのです。

確か私が高等小学の一年の時だったでしょう。学校から、初めて二泊《にはく》宿りの修学旅行に行くことになったのです。小学校時代に、修学旅行という言葉が、どんなに魅惑的《みわくてき》な意味を持っているかは、たいていの人が、一度は経験して知っておられることと思いますが、私もその話を先生から聞くと、小躍《こおどり》しながら家へ帰って来ました。帰って両親に話してみますと、どうしても、行ってもいいとはいわないのです。

今から考えると、五円という旅費は、私の家にとっては、かなりの負担だったのでしょう。おそらく一月の一家の費用の半分にも相当した大金だったろうと思います。が、私はそんなことは、考えませんから、手を替《か》え品を替え、父と母とに嘆願《たんがん》してみたのです。が、少しもききめがないのです。

もう、いよいよ明日が出発だという晩のことですが、私は学校の先生には、多分行かれない、と返事はして来たものの、行きたいと思う心は、矢も楯《たて》も堪《たま》らないのです。どうかして、やってもらいたいと思いながら、執念《しゅうね》く父と母とに、せびり立てました。［ b ］、父も母もしつこい私を、持てあましたのでしょう、泣いたり、怒《おこ》ったりしている私を、捨てておいて二人とも寝《ね》てしまいました。

私は、修学旅行の仲間入りのできないことを、友達にも顔向けのできないほど、恥《はず》かしいことだと思い詰《つ》めていたものですから、一晩中でも泣き明かすような決心で、父の枕元《まくらもと》で、いつまでも［ c ］駄々《だだ》をこねていました。

父も母も頭から、蒲団《ふとん》を被《かぶ》っていましたものの、私の声が彼《かれ》らの胸に［ d ］と応《こた》えていたことはもちろんです。私が、一時間近くも、旅行にやってくれない恨《うら》みを、［ e ］といい続けた時でしょう。今まで寝入ったように黙《だま》っていた父が、急にむっくりと、床《とこ》の中で起き直ると、②蒲団の中から顔を出して、私の方をじっと見ました。

私は、あんまりいい過ぎたので、父の方があべこべに怒《ど》鳴《な》り始めるのではないかと、内心［ f ］ものでいましたが、父の顔は怒っているというよりも、むしろ悲しんでいるといったような顔付でありました。涙《なみだ》さえ浮《うか》んでいるのではないかと思うような目付をしていました。

『やってやりたいのは山々じゃ。わしも、お前に人並《ひとなみ》のことは、させてやりたいのは山々じゃ。が、貧乏でどうにもしようがないんじゃ。わしを恨むなよ。恨むのなら、お前のお祖父《じい》さんを恨むがええ。*御厩《みうまや》では一番の石持《こくもち》といわれた家が、こんなになったのも、皆《みな》お祖父さんがしたのじゃ。お前のお祖父さんが勝負事で一文《いちもん》なしになってしもうたんじゃ』と、いうと、父はすべての弁解をしてしまったように、クルリ向うを向いて、蒲団を頭から被ってしまいました。

私は、自分の家が御維新前《ごいしんまえ》までは、長く*庄屋《しょうや》を勤めた旧家であったことは、誰からとなく、薄々《うすうす》きき知っていたのですが、その財産が、祖父によって、*蕩尽《とうじん》されたということは、この時初めて、父からきいたのです。むろんその時は、父の話を聞くと、［ X ］の句が次げないで、泣寝入りになってしまったのです。

その後、私は成長するに従って、祖父の話を父と母からきかされました。祖父は、元来《がんらい》私の家へ他から養子に来た人なのですが、三十前後までは真面目《まじめ》一方であった人が、ふとしたことから、*賭博《ばくち》の味をおぼえると、すっかりそれに溺《おぼ》れてしまって、何もかもうっちゃって、家を外にそれに浸《ひた》りきってしまったのです。御厩の長五郎という賭博の親分の家に、夜昼なしに入り浸っている上に、いい*賭場《とば》が、開いているというと、*五里十里もの遠方まで出かけて行くという有様で、賭博に身も心も、打ち込《こ》んでいったのです。天性《てんせい》の賭博好きというのでしょう。勝っても負けても、にこにこ笑いながら、勝負を争っていたそうです。それに豪家《ごうか》の主人だというので、どこの賭場でも『旦那《だんな》旦那』と上席に座《すわ》らされたそうですから、つい面白くって、家も田畑も、*壺皿《つぼざら》の中へ叩《たた》き捨ててしまったのでしょう。むろん時々は勝ったこともあるのでしょうが、根が素人《しろうと》ですから、長い間には負け込んで、田畑を一町売り二町売り、とうとう千石《ごく》に近かった田地を、みんな無くしてしまったそうです。おしまいには、賭博の資本にもことを欠いて、祖母の櫛《くし》や*笄《こうがい》まで持ち出すようになったそうです。しまいには、住んでいる祖先伝来の家屋《いえや》敷《しき》まで、人手に渡《わた》すようになってしまったのです。

が、祖父のこうした狂態《きょうたい》や、それに関した逸話《いつわ》などはたくさんききましたが、たいてい忘れてしまいました。私が、今もなお忘れられないのは、祖父の晩年についての話です。

祖父が、本当に目が覚めて、③ふっつりと賭博を止《や》めたのは、六十を越《こ》してからだということです。それまでは、財産を一文なしにしてしまった後までも、まだ道楽が止められないで、それかといって大きい賭場には立ち回られないので、*馬方《うまかた》や*土方《どかた》を相手の、小賭博まで、打つようになっていたそうです。それを、祖母やその頃《ころ》二十五、六にもなっていた私の父が、涙を流して諫《いさ》めても、どうしても止めなかったそうです。

が、祖父の道楽で、長年苦しめられた祖母が、死ぬ間際になって、手を合せながら、

『お前さんの代で、長い間続いていた*勝島の家が、一文なしの*水呑《みずのみ》百姓《びゃくしょう》になってしまったのも、わしゃ運だと諦《あきら》めて、厭《いと》いはせんが、せめて死際《しにぎわ》に、お前さんから、賭博は一切《いっさい》打たんという誓言《せいごん》をきいて死にたい。わしは、お前さんの道楽で長い間、苦しまされたのだから、後に残る宗太郎やおみね（私の父と母）だけには、この苦労はさせたくない。わしの臨終の望みじゃほどに、きっぱり思い切って下され』と、何度も何度も繰《く》り返して、口説《くど》いたのがよほど効いたのでしょう、義理のある養家を、根こそぎ潰《つぶ》してしまった*我悔《がかい》が、やっと心のうちに目ざめたのでしょう。また年が年だけに考えもしたのでしょう、それ以来は、生れ変ったように、賭博を打たなくなってしまったのです。

それで、六十を越しながら、息子《むすこ》を相手に、今では他人の手に渡ってしまった昔《むかし》の自分の土地で、小作人として、馴《な》れない百姓仕事を始めたのです。が、今まで、ずいぶん身を持ち崩《くず》していたものですから、そうした荒仕事《あらしごと》には堪《た》えなかったと見え、二年ばかり経《た》つと、風邪《かぜ》か何かが因《もと》で、ぽっきり枯枝《かれえだ》が折れるように、亡くなってしまったのです。

一生涯《いっしょうがい》、それに溺れてしまって、身にも魂《たましい》にもしみ込んだ*道楽を、封《ふう》ぜられたためでしょうか、祖父は賭博を止めてからというものは、何となくほうけてしまって、物忘れが多く、畑を打ちながら、鍬《くわ》を打つ手を休めて、ぼんやり考え込むことが多かったそうです。そんな時は、若い時に打った*五百両千両という大賭博の時に、うまく起きてくれた賽《さい》ころの目のことでも、思い出していたのでしょう。

それでも、改心をしてからは、さすがに二度とふたたび、勝負事はしなかったのです。もし、したことがあったならば、それはただ一度、次にお話しするような時だけだろうとのことです。

それは、何でも④祖父が死ぬ三月ぐらい前のことです。秋の小春日《こはるび》和《より》の午後に、私の母が働いている祖父に、*お八つの茶を持って行ったことがあるのです。見ると、稲《いね》を刈《か》った後の田を、鋤《す》き返しているはずの祖父の姿が見えないのです。多分田の向うの*藁堆《わらにお》の陰《かげ》で日向《ひなた》ぼっこをしているのだろうと思って、その方へ行ってみますと、果《はた》して祖父の声が聞《きこ》えて来るのです。

『今度は、俺《おれ》が勝ちだ』と、いいながら祖父は声高く笑ったそうです。その声を聞くと私の母は、はっと胸を打たれたそうです。きっと、古い賭博打ちの仲間が来て、祖父を唆《そそのか》して何かの勝負をしているに違《ちが》いない、と思うと、手も足も付けられなかった祖父の、昔の生活が頭の中に浮んで来て、ぞっと身が震《ふる》うほど、情なく思ったそうです。せっかく慎《つつ》しんでいてくれたのにと思うと、いったい父を誘《さそ》った相手は、どこのどいつだろうと、そっと足音を忍《しの》ばせて近づいてみたそうです。

見ると、ぽかぽかと日の当っている藁堆の陰で、祖父とその五つになる孫とが、相対して蹲《うずくま》っていたそうです。何をしているのかと思ってじっと見ていると、祖父が積み重《かさな》っている藁の中から、一本の藁を抜《ぬ》いたそうです。すると、孫が同じように、一本の藁を抜き出したそうです。二人はその長さを比べました。祖父が抜いた方が*一寸ばかり長かったそうです。

『今度も、わしが勝ちじゃぞ、はははは』と、祖父は前よりも、高々と笑ったそうです。

それを見ていた母は、祖父の道楽のために受けたいろいろの苦痛に対する恨みを忘れて、心からこの時の祖父をいとしく思ったとのことです。

祖父が最後の勝負事の相手をしていた孫が、⑤私であることは申すまでもありません」

（菊池寛「勝負事」）

（注）＊めんこ、ねっき、ばい……いずれも子どもの遊び道具。

＊一町……「町」は面積の単位。

＊小作……地主から土地を借り、借地料を払って耕作すること。

＊御厩……地名。

＊石持……「石」は穀物などの容積の単位。

＊一文……「文」は銭貨の単位。

＊庄屋……江戸時代の村役人。代官などの命令をうけて、年貢《ねんぐ》の取立てなどにあたった。

＊蕩尽……財産などをつかい果たすこと。

＊賭博……金銭、財物をかけ、さいころなどを用いて勝負を争うこと。

＊賭場……ばくちをする所。

＊五里十里……「里」は距離の単位。

＊壺皿……さいころを入れて伏《ふ》せるのに用いる道具。

＊笄……女性用髪飾《かみかざ》りの一つ。

＊馬方……馬で荷物や人を運ぶことを仕事とする人。

＊土方……土木工事を仕事とする人。

＊勝島……話し手である「私」の家の名。

＊水呑百姓……貧しい農民。

＊我悔……自分のやったことを、あとになってくやしく思う気持ち。

＊道楽……本業以外のことに熱中して楽しむこと。

＊五百両千両……「両」は金貨の単位。

＊お八つ……午後二時ごろから四時ごろまでの時刻。

＊藁堆……刈り取った稲を乾燥《かんそう》させるために、束《たば》にして積み上げたもの。

＊一寸……「寸」は長さの単位。

問一 ――線部①「勝負事は、身を滅ぼす」とは、誰が何をして、どうなったことを指していますか。二十字以上三十字以内で答えなさい。

問二 [a]～[f]にあてはまる言葉として最も適当なものを、次のア～カからそれぞれ一つずつ選び、記号で答えなさい。ただし、すべて一回しか使えないものとします。

ア ひしひし　イ かつかつ　ウ とうとう
エ びくびく　オ くどくど　カ ぐずぐず

問三　――線部②「蒲団の中から顔を出して、私の方をじっと見ました」とありますが、このときの「父」の心情を説明したものとして最も適当なものを次のア～エから一つ選び、記号で答えなさい。

ア　わが子を、家計への負担をかえりみず、修学旅行に行きたいと一方的に駄々をこね続けるような子に育ててしまったことを嘆《なげ》いている。

イ　一家の一ヶ月分に相当する修学旅行の費用は到底《とうてい》出せないため、自分の子に人並みのことをさせられないというふがいなさを感じている。

ウ　修学旅行に行けないと仲間に入れてもらえないと言って嘆願する子どもの、切実な思いに応えてやれないことをひどく悲しんでいる。

エ　子どもが必死にせがんでも、家計が苦しく旅費が出せないため、他の子と同じようにしてやれないことを親として情けなく思っている。

問四　「　X　」に入る一字を漢数字で答えなさい。

問五　――線部③「ふっつりと賭博を止めた」とありますが、「祖父」がこのようにしたのはなぜですか。その理由を説明した次の文の空らんⅠ～Ⅲに入る言葉を、本文中から指定された字数でぬき出しなさい。

祖母の「　Ⅰ　五字　」として今後は勝負事をしないようにと繰り返し説得されたことで、もとは他から「　Ⅱ　二字　」に来た恩のある身の上でありながら、田畑や家を人手に渡してしまうほど家名をつぶしたことを申し訳なく思い、「　Ⅲ　二字　」したから。

問六　――線部④「祖父が死ぬ三月ぐらい前」について、AとBが話しています。空らんⅣ・Ⅴに入る言葉を、本文中から指定された字数でぬき出しなさい。また、□に入る言葉を、自分で考えて五字程度で答えなさい。

A　結局、祖父は勝負事に手を出してしまった、というわけだ。

B　まあ、『今度は、俺が勝ちだ』なんて声だけ聞いたら、母がそう思うのも無理はないかもね。

A　「　Ⅳ　七字　」くらいだから、祖父の勝負事でよほどつらい目にあってきたんだろう。

B　でも、ここでの勝負事は、祖父として□ことを指しているんじゃないかな。

A　そうそう、だからこそこの話には救いがあるよね。

B　家庭を勝負事でめちゃくちゃにした祖父を、家族が恨むだけではなく、「　Ⅴ　四字　」思う瞬間《しゅんかん》も、確かにあったんだよ。

問七　――線部⑤「私」とは誰のことですか。本文中から七字でぬき出しなさい。

三

次の①～⑧の――線部のカタカナを漢字に直しなさい。

① 不思議なゲンショウを目にした。

② ナンキョク大陸へ旅してみたい。

③ 撮影《さつえい》した動画をヘンシュウする。

④ 音楽祭にショウタイされる。

⑤ テンラン会は大にぎわいだった。

⑥ 運動会の開会をセンゲンする。

⑦ 表面の水分を取りノゾく。

⑧ 気持ちを伝えることはムズカしい。

四

次の①～④の一文を、意味が変わらないように二文にしたときに、□に入る言葉は何ですか。二字から五字でそれぞれ答えなさい。

① 雨がふったので、地面がぬれている。
→ 雨がふった。□、地面がぬれている。

② 自信はなかったが、上手に発表できた。
→ 自信はなかった。□、上手に発表できた。

③ 弟は運動が得意で、絵も上手だ。
→ 弟は運動が得意だ。□、絵も上手だ。

④ ケーキにしようかプリンにしようか迷っている。
→ ケーキにしようか。□プリンにしようか迷っている。

五

次の①～③の□には、体の部分を表す漢字一字が入ります。それぞれのア～エの中で、ほかとは異なる体の部分が入るものを一つ選んで記号で答え、選んだ記号の□に適切な漢字一字を入れて、慣用句を完成させなさい。

①
ア □を皿のようにして、床に落とした針をさがす。
イ 思いがけない人とも知り合いだとは、彼は□が広い。
ウ 祖父は□を細めて自分の飼い犬を見ている。
エ 弟のいたずらは□に余るほどひどい。

②
ア かけっこの速さでは、兄には□が立たない。
イ □がうくようなお世辞に、いやな気持ちになった。
ウ だれにでも親切な祖母の態度には□が下がる。
エ □にきぬを着せない友人の言い方にひやひやする。

③
ア 自分の成長のためには、□が痛い忠告も聞き入れる。
イ あのことをもう知っているとは、彼女は□が早い。
ウ 今年は祭りが行われるとのうわさを□にはさんだ。
エ 楽しみな遠足がやってくるのを□を長くして待つ。

令和６年度中学校第１回入学試験問題

算　　数

（40分）

注　意

1．「始め」の合図《あいず》があるまで，この問題を開かないでください。
2．この問題は，全部で８ページです。印刷のはっきりしないところがあれば，試験監督《かんとく》の先生に申し出てください。
3．受験番号は，この問題の表紙および別紙解答用紙の指定されたところに必ず記入してください。
4．解答は，すべて別紙解答用紙に記入してください。

受　験　番　号

1　次の計算をしなさい。

(1)　$1.67+2.4$

(2)　$6.5\div1.3$

(3)　$32-6\times5$

(4)　$2.5\times9\times8$

(5)　$\frac{1}{2}+1\frac{1}{3}$

(6)　$3.2\times6+3.2\times8-3.2\times4$

(7)　$27+3\times\{(6-2)\div2\}-3$

(8)　$0.125\times\frac{2}{3}-0.5\div6$

2 次の各問いに答えなさい。

(1) ある数を3倍して5をひいたら25になりました。ある数を求めなさい。

(2) ある中学校の生徒50人に通学方法のアンケートをしました。その結果，通学に電車を利用している人は25人，バスを利用している人は18人，電車とバスの両方を利用している人は7人であることが分かりました。このとき，電車もバスも両方とも利用していない人は何人ですか。

(3) 1から60までの整数のうち，3で割ると2余り，5で割ると4余る整数をすべて求めなさい。

(4) ある商品1個につき，仕入れ値の20%の利益を含めて定価600円としました。
この商品1個の仕入れ値はいくらですか。この問題では消費税は考えないものとします。

(5)　ある池の周りを，よしおさんとまさおさんがそれぞれ一定の速さで歩きます。この池の周りを1周するのに，よしおさんは8分，まさおさんは12分かかります。2人が同時に同じ位置から反対向きに歩き始めました。歩き始めた2人が初めて出会うのは何分何秒後ですか。

(6)　ひかるさんは4回のテストの平均点が68.5点でした。
5回目のテスト終了後，ひかるさんの5回のテストの平均点が70点以上になるためには，5回目のテストで何点以上とらなくてはなりませんか。なお，各テストの満点は100点とします。

(7)　10円切手，50円切手，100円切手がたくさんあるとします。これらの3種類の切手を使って荷物を送るための送料380円を支払います。例えば，3種類の切手をあわせて7枚使うとき，100円切手3枚，50円切手1枚，10円切手3枚を使えばよいです。

それでは，3種類の切手をあわせて8枚使って，切手をちょうど380円分使うとき，10円切手，50円切手，100円切手はそれぞれ何枚ずつ使えばよいですか。

3　次の各問いに答えなさい。

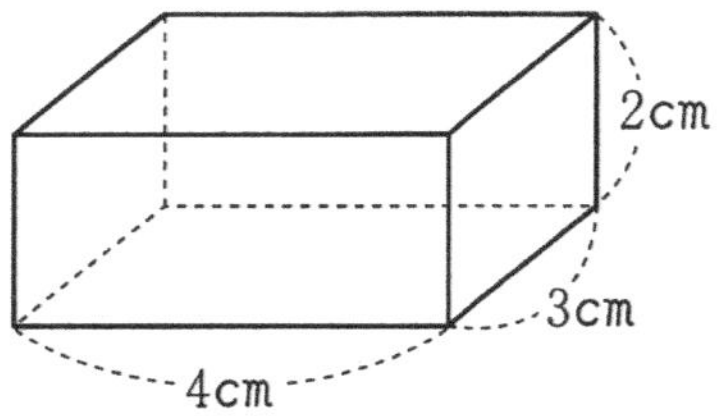

(1)　右の図のような直方体があります。下の図はその展開図の一部です。もう１つの長方形を付け加えて展開図を完成させなさい。なお，考えられる展開図は何通りもありますが，解答用紙にはそのうちの１通りをかきなさい。１目盛りを1cmとします。

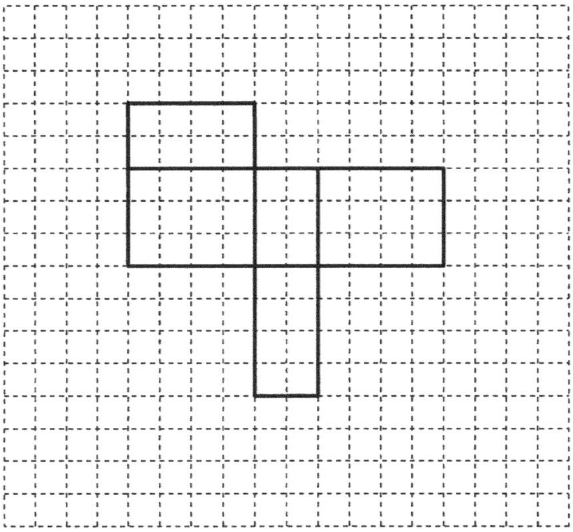

(2)　図１のように合同な直角二等辺三角形が２つあります。

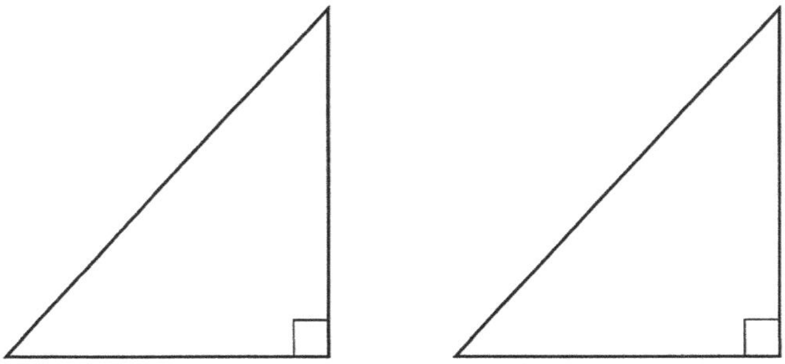

図１

それぞれの直角二等辺三角形をかたむけて図２のようにするとき，アとイの角の大きさを求めなさい。

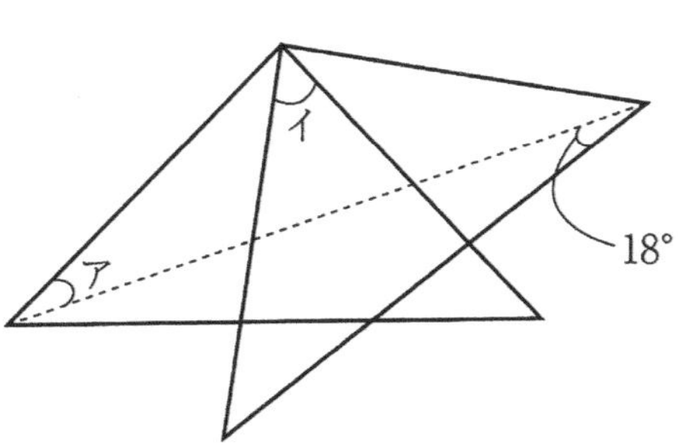

図２

(3)　次の問いに答えなさい。ただし，円周率は3.14とします。

①　下の図のように，1つの辺が20cmの正方形の内側に，半径が20cmの円の$\frac{1}{4}$の部分がぴったり入っています。かげのついている部分の周囲の長さは何cmですか。また，かげのついている部分の面積は何cm^{2}ですか。

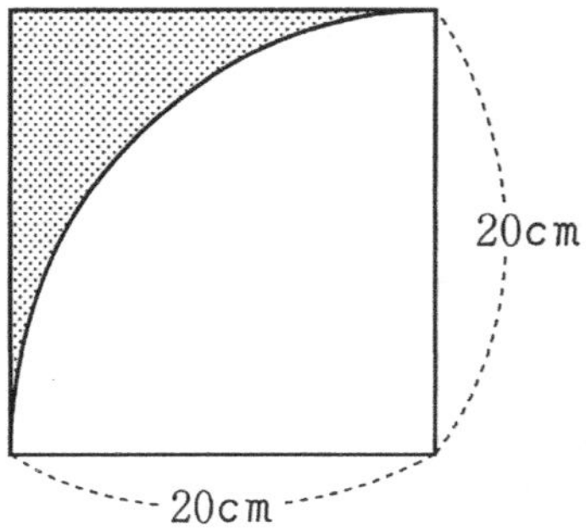

②　下の図のように，1つの辺が20cmの正方形に，直径が20cmの円がぴったり入っています。直線ACは正方形ABCDの対角線です。このとき，かげのついている部分の面積の和は何cm^{2}ですか。

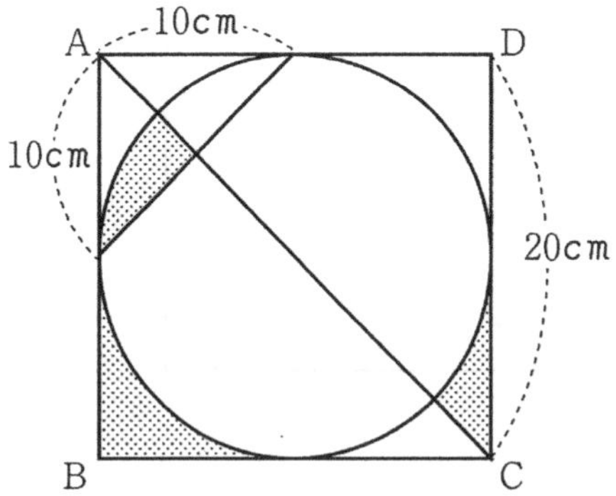

③　下の図は，円柱をななめに切ってできた立体です。底面の半径は 10cm，底面からななめの切り口までの長さで，一番短いところは 22cm，一番長いところは 26cm です。この立体の体積は何 cm^3 ですか。

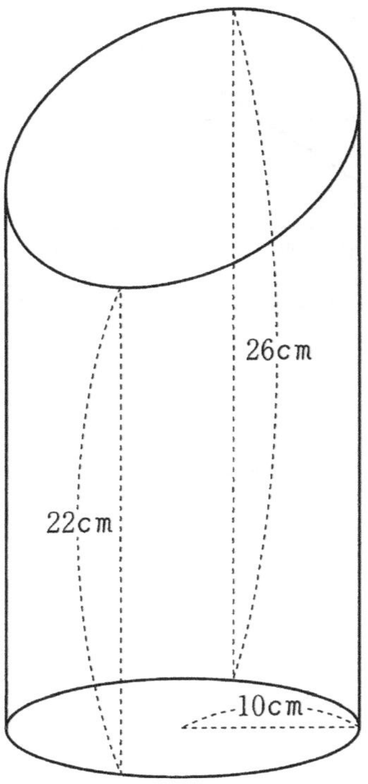

4　ひろしさんは，9時に家を出発し，時速4kmで家から6km離れたおじさんの家に歩いて行くことにしました。下のグラフは，「ひろしさんが家を出発してからの時間」と「ひろしさんが家を出発してから進んだ道のり」の関係を表したものの一部です。

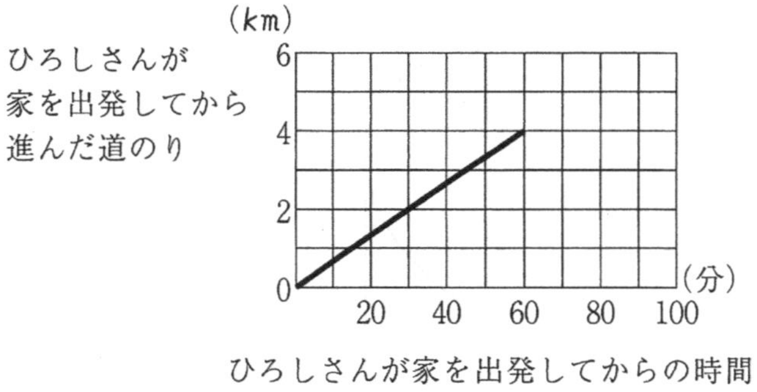

次の問いに答えなさい。

(1)　このまま，ひろしさんがおじさんの家まで歩いて行くとすると，何時何分に着きますか。

(2)　ひろしさんの弟は，ひろしさんが忘れものをしたことに気づき，自転車で分速200mでひろしさんを追いかけたところ，9時30分に追いつき，忘れものをわたすことができました。

① このとき，弟が自転車で走ったようすを，解答用紙のグラフにかき加えなさい。

② 弟が家を出発したのは，何時何分でしたか。

(3)　その日，おじさんは車でひろしさんを迎えに行こうと自分の家を出発しました。おじさんは家を出発してから，3分後にひろしさんと出会い，車に乗せることができました。おじさんの車の速さは，時速36kmでした。ひろしさんの家から何kmの地点で2人は出会いましたか。この問題は求め方も書きなさい。

余　白

余　白

令和６年度中学校第１回入学試験問題

英　　　語

（20分）

注　意

1．「始め」の合図《あいず》があるまで，この問題を開かないでください。
2．この問題は，全部で４ページです。印刷のはっきりしないところがあれば，試験監督《かんとく》の先生に申し出てください。
3．受験番号は，この問題の表紙および別紙解答用紙の指定されたところに必ず記入してください。
4．解答は，すべて別紙解答用紙に記入してください。
5．[1]はリスニング問題，[2]は筆記問題となっています。
6．試験開始直後に放送が流れます。放送の指示に従って解答してください。

受　験　番　号

1

※音声と放送原稿非公表

問1　No.1からNo.5のイラストについて，それぞれA・B・Cの３つの英単語が読まれます。イラストが表しているものをA・B・Cから１つ選び，記号で答えなさい。音声は２度読まれます。

No.1

No.2

No.3

No.4

No.5

問２　この問題では，英語の質問と，A・B・Cの３つの英文が読まれます。質問に対する答えとして最も適切なものを，A・B・Cから１つ選び，記号で答えなさい。なお，この問題はNo.1からNo.4の４問あります。音声は２度読まれます。

問3　**No.1**, **No.2**では，２人の人物が会話をしています。その内容に最も合うイラストを，A～Dから１つ選び，記号で答えなさい。音声は２度読まれます。

No.1

A

B

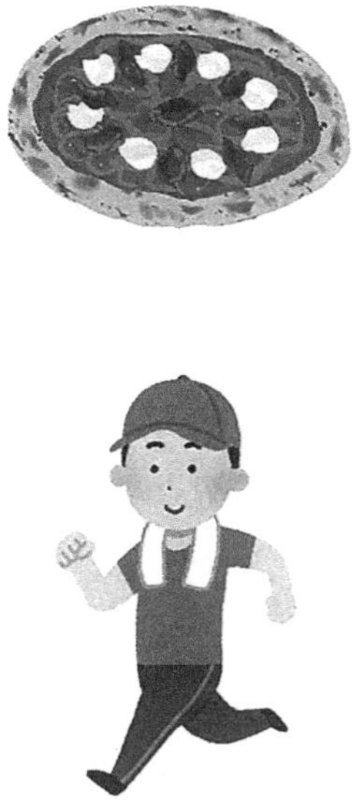

C

D

No.2

A

B

C

D

2

問1　(1)から(4)では，AさんとBさんが会話をしています。(　　　　)にあてはまる最も適切なものを，①～④から1つ選び，番号で答えなさい。

(1) A：What fruits do you like?
B：(　　　　　).
① I can eat it.　② No, I don't.　③ My favorite fruit is bananas.　④ I can eat peach.

(2) A：(　　　　　) in the summer vacation?
B：I went to Nagano.
① When did you go　② Where did you go　③ Do you go　④ What do you like

(3) A：I want this bag. (　　　　　)?
B：It is 1,000 yen.
① How much is it　② How about you　③ What is it　④ How do you like it

(4) A：I'm Kana. (　　　　　).
B：My name is Hiro. Nice to meet you, too.
① I like you　② See you　③ Nice to meet you　④ Thank you very much

問2　(1)から(3)において，日本文と同じ意味を表すように，①から④の語を並べかえて，文を完成させなさい。解答用紙には，その番号を書きなさい。ただし，(　　　　)の中では，文のはじめにくる語も小文字になっています。

(1)　それは私の帽子ではありません。

(① not　② hat　③ my　④ it's).

(2)　私は東京で歌舞伎を見ました。

I (① Tokyo　② in　③ kabuki　④ saw).

(3)　彼は新潟に住んでいますか？

(① in　② he　③ live　④ does) Niigata?

令和六年度中学校第一回入学試験

国語解答用紙

一

問一

問二

問三

問四

問五

問六
一
二

問七

問八

問九

（配点非公表）

受験番号

2	(1)	
	(2)	人
	(3)	
	(4)	円
	(5)	分　　　　秒後
	(6)	点以上
	(7)	100円切手 ＿＿＿＿ 枚 50円切手 ＿＿＿＿ 枚 10円切手 ＿＿＿＿ 枚

4	(1)		時　　　　分
	(2)	①	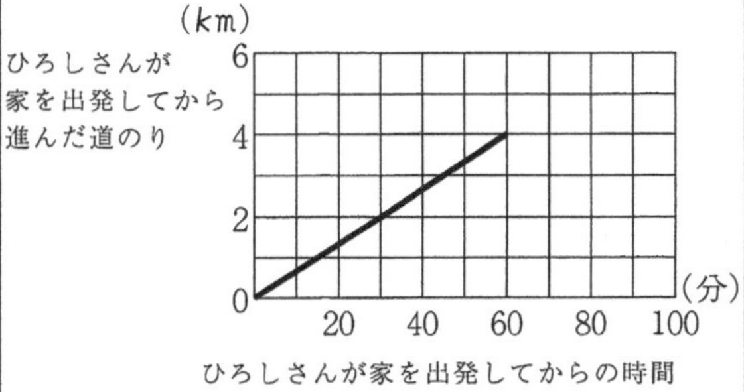
		②	時　　　　分
	(3)		【求め方】 答え　ひろしさんの家から　　　　kmの地点

2

問 1

(1)		(2)		(3)		(4)	

問 2

(1)	→ → →
(2)	→ → →
(3)	→ → →

問 3

令和６年度中学校第１回入学試験

（配点非公表）

英 語 解 答 用 紙

受 験 番 号

1

問 1

No.1		No.2		No.3		No.4		No.5	

問 2

No.1		No.2		No.3		No.4	

問 3

No.1		No.2	

【解答用

（配点非公表）

令和６年度中学校第１回入学試験

算 数 解 答 用 紙

受 験 番 号

1	(1)	
	(2)	
	(3)	
	(4)	
	(5)	
	(6)	
	(7)	

3	(1)	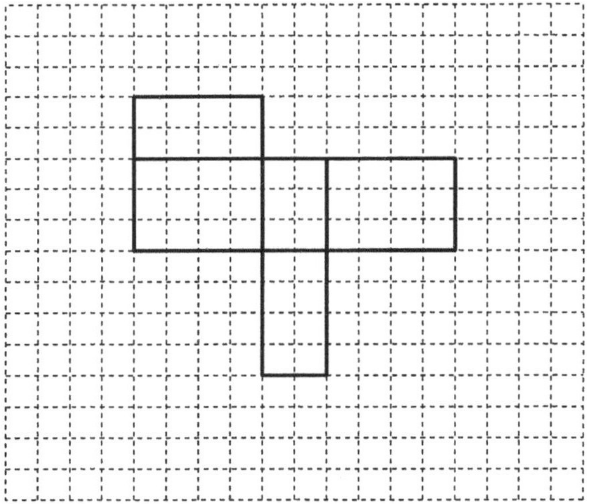		
	(2)	ア		度
		イ		度
	(3)	①	周囲の長さ	cm
			面　　積	cm^2
		②		cm^2

【解答

二

問一

問二
a
b
c
d
e
f

問三

問四

問五
Ⅰ
Ⅱ
Ⅲ

問六
Ⅳ
Ⅴ
空らん

問七

三

①
②
③
④
⑤
⑥
⑦
⑧

四

①
②
③
④

五

①
記号
漢字

②
記号
漢字

③
記号
漢字

問３　次の英文は日本への留学生 Emma（エマ）の自己紹介カードです。英文を読み，以下の問いに答えなさい。

Hi, I'm Emma. I'm from the U.K.

My birthday is October 14th.

I'm twelve years old.

My favorite subject is science.

I often go to zoos and museums with my family.

I want to be a doctor.

I went to Singapore and enjoyed eating the foods.

I am good at cooking.

Let's study together.

問　次の①から⑩の文の中から，本文の内容に一致するものを３つ選び，番号で答えなさい。

① エマの出身はアメリカ合衆国である。

② エマは10月生まれである。

③ エマは13歳だ。

④ エマの将来の夢は教師になることだ。

⑤ エマはシンガポールに行ったことがある。

⑥ エマの好きな教科は社会だ。

⑦ エマの父は医者だ。

⑧ エマは家族とよく図書館へ行く。

⑨ エマは毎日勉強している。

⑩ エマは料理が得意である。

余　白

余　白

令和５年度中学校第１回入学試験問題

国　　語

（40分）

注　意

1．「始め」の合図《あいず》があるまで，この問題を開かないでください。
2．この問題は，全部で10ページです。印刷のはっきりしないところがあれば，試験監督《かんとく》の先生に申し出てください。
3．受験番号は，この問題の表紙および別紙解答用紙の指定されたところに必ず記入してください。
4．解答は，すべて別紙解答用紙に記入してください。
5．字数制限のある問題については，記号・句読点も一字とかぞえてください。

新 潟 第 一 中 学 校

受　験　番　号

2023(R5) 新潟第一中
教英出版

一 **次の文章を読んで、後の問いに答えなさい。なお、一部の語にふりがなと注をつけています。**

興味・関心のアンテナは縦横無尽《じゅうおうむじん》に伸びているか

何かに興味・関心をもつということは、①そこに自分の文脈を関わらせることです。

いま自分が生きている時代に起きているさまざまなことに対して、全然関心がもてない、自分の外側のこととして流れ去ってしまうのは、とてももったいないことです。

世の中に関心がもてないという状態が、人生をつまらなくしてしまうのです。いろいろなニュースを聞いても、関心がもてない。ほとんどのことが自分とは関係のない世界のこととして通り過ぎてしまうとなると、自分と社会をつなげていくこともできなくなってしまいます。この世に関心がもてなくなることは、気分を落ち込ませます。

多くのことに関心が持てる人は、人生で味わえる喜びや楽しみのタネも増えます。それだけ人生に深みが増していくのです。

社会で起きている出来事に対して、自分を関わらせるという意識をもつと、だんだん身近なものになり、それ自体が関心事になっていきます。

②ビートたけしさんや所ジョージさんとテレビ番組でご一緒《いっしょ》することがあるのですが、お二人とも本当に興味・関心の幅《はば》が広いんですね。

所さんの番組で、海外から見た日本の魅力《みりょく》を紹介《しょうかい》するものがあったのですが、「根付《ねつけ》（煙草《たばこ》入れや*印籠《いんろう》の紐《ひも》の先につけた細工物）」をテーマにした回では所さんはびっくりするほど詳《くわ》しかったんです。自分でもいろいろ集めていると言っておられました。

また、割れた茶碗《ちゃわん》を修繕《しゅうぜん》し、金箔《きんぱく》を施《ほどこ》す「金継《きんつ》ぎ」の技術を取り上げたときには、「俺も金継ぎ、やるよ」とさらりと言ったんです。

所さんが*アメ車をはじめアメリカンカルチャーにたいへん詳しいことは知っていましたが、日本の伝統工芸文化にもこんなに関心をもっておられたことに驚《おどろ》かされました。

たけしさんとは情報ニュース番組によく一緒に出演させてもらっていますが、世の中のことをじつによく知っていて、話の引き出しが多く、ＣＭの間にされる話でさえとても面白いのです。

お二人を見ていると、何かのきっかけで出会ったことには、何でも興味をもってみるというスタンスがあるように思われます。興味があるから自分を関わらせていくというのではなく、関わりができたことには全部興味をもつ。何でも自分ごととして受けとめてみる。「おお、これはこういうところが面白いな」とか「これは、ここがすごいな」という魅力を見つけ出す。要するに、自分につなげられるものを探し出してしまうのです。

そうやって自分を一度関わらせてみる。自分につながりがあるものと感じられると、無関心ではいられなくなります。好奇心《こうきしん》のアンテナがどんどん広がり、感度もよくなっていきます。

出会ったものは逃がさない

「ヒッグス粒子《りゅうし》」を知っていますか？

ざっくりいうと、重力をつかさどる＊量子のことです。これまで、重力をつかさどると考えられる素《そ》粒子があるということは、理論上の仮説でしかありませんでした。ところが、２０１２年にそのヒッグス粒子が観測されたのです。約50年前にこの理論を打ち立てたヒッグス博士は、２０１３年にノーベル物理学賞を受賞しました。

ヒッグス粒子の発見というのは、関心をもっている人にとっては「おお！　ついに見つかったか」と感動するようなことなんですね。これにより、物理の世界にはまた新たに＊エキサイティングなつながりが見つかる期待が高まっています。すごいニュースなんです。

[X]、興味のない人、知らない人にとっては、「ふ～ん、それがどうした？」と＊スルーされる話でしかありません。無関心であるということは、その事柄《ことがら》のもつ意味に気づけないということ、その事柄のすごさ、面白さがわからないということなのです。

たとえば、いまこれを読んで「ヒッグス粒子って何だ？」と思って、＊ググってみた人は、多少なりともヒッグス粒子という話題に自分を関わらせたということになります。そうしたら、「へえ、ああそう」で終わりにしてしまわないで、ヒッグス粒子という言葉にネットや新聞で出会うたびに、それに目を通すようにします。８割方理解できなかったとしても、それでかまいません。関心をもって情報を見ていくことが大事なのです。すると、いつしかもうヒッグス粒子がらみの情報が自然に目に留まるようになり、スルーすることはできなくなっている自分を感じるでしょう。

知的好奇心を旺盛《おうせい》にして興味の幅を広げていきたいと思うならば、③「たまたま出会ったものを逃がさない」ようにするのがコツです。

（齋藤孝『文脈力こそが知性である』ＫＡＤＯＫＡＷＡ）

（注）＊「印籠」……………薬などを入れるため、腰につける小さな容器。

＊「アメ車」……………アメリカ製の自動車。

＊「量子」………………とても小さな物質やエネルギーの単位。

＊「エキサイティング」…人を興奮させるさま。

＊「スルーされる」………意見を聞き流されたり、無視されたりすること。

＊「ググってみた」………グーグルのサーチエンジンを使って検索《けんさく》をすること。転じて、インターネット上で知らない言葉を調べること。

問一 ───線部①「そこに自分の文脈を関わらせる」について、次の問いに答えなさい。

（1）「そこ」が指す内容を、本文から十一字でぬき出して答えなさい。

（2）筆者は「自分の文脈を関わらせる」ことで、どのようなことが起こると考えていますか。本文中の言葉を使って、四十字以内で説明しなさい。

問二 ───線部②「ビートたけしさんや所ジョージさん」とありますが、筆者はここで、この二人をどういう人物として紹介していますか。その説明として最も適当なものを、次のア～エから一つ選び、記号で答えなさい。

ア 好奇心が強く、何かのきっかけで関わりを持ったものに対しては何でも興味や関心をもち、自分につなげてしまう人物。

イ 「根付」や「金継ぎ」という、後継者が不足している伝統工芸に危機感を抱き、日本文化を守ろうとしている人物。

ウ 興味があることには自分からどんどん関わっていくが、興味のないことには自分ごととして考えようとしない人物。

エ 一流の芸能人としてテレビ番組に出るため、好奇心のアンテナを広げ、何でも自分ごととして受けとめる人物。

問三 空らん X に入る言葉として最も適当なものを、次のア～エから一つ選び、記号で答えなさい。

ア よって　イ さらに　ウ しかし　エ つまり

問四 ───線部③「たまたま出会ったものを逃がさない」とはどういうことですか。本文から十五字でぬき出して答えなさい。

二　**次の文章を読んで、後の問いに答えなさい。なお、一部の語にふりがなと注をつけています。**

「ぼく」（太二《たいじ》）は中学校一年生で、テニス部に入っている。昼休みのコート整備は一年生の役目であり、グーパーじゃんけんで人数の少ない方が担当することになっていた。ある日、「末永」を除く一年生部員二十三人はこっそりと相談をして全員パーを出し、一人だけグーを出した「末永」にコート整備を押《お》し付けてしまった。

朝練では、一年生対二年生の対抗戦《たいこうせん》をする。*シングルマッチで一ゲームをとったほうの勝ち。四面のコートに分かれて、合計二十四試合をして、*白星の多い学年はそのままコートで練習をつづける。負けた学年は球拾いと声出しにまわる。

力試しにはもってこいだが、二年生との実力差は大きくて、これまで一年生が勝ち越《こ》したことはなかった。武藤《むとう》や末永でも三回に一回勝てるかどうかで、久保は一度も勝ったことがない。ぼくは勝率五割をキープしていたが、団体戦に出場するレギュラークラスには歯が立たなかった。ただし、一度だけ中田さんから*金星をあげたことがある。*ベースラインでの打ちあいに持ちこんで、ねばりにねばって長い*ラリーをものにした。誰《だれ》が相手であれ、①きのうからのモヤモヤを吹《ふ》き払《はら》うためにも、ぼくはどうしても勝ちたかった。

ところが、やる気とは裏腹に、ぼくは一ポイントもとれずに負けてしまった。武藤や末永もサーブがまるで決まらず、*ダブルフォールトを連発して自滅《じめつ》。久保も、ほかの一年生たちも、手も足も出ないまま二年生にうち負かされて、これまでにない早さで勝負がついた。

「どうした一年。だらしがねえぞ」

キャプテンの中田さんに命じられて、ぼくたちはグラウンドを走らされた。いつも先頭をきっているので、みんなの姿を見ずに走るのはなれていたが、今日だけは武藤や末永や久保がどんな顔でついてきているのか、気になってしかたがなかった。

誰もが、きのう末永をハメたことを後悔《こうかい》しているのだ。足をとめて、一年生全員で話しあいをして、昼休みのコート整備を当番制にかえてもらうようにキャプテンに頼《たの》もうと言いたかったが、おもいきれないまま、ぼくはグランドを走りつづけた。

「よし、ラスト一周。ダッシュでまわってこい」

中田さんの声を合図に全力疾走《しっそう》となり、ぼくは最後まで先頭を守った。

「ボールはかたづけておいたからな。昼休みのコート整備はちゃんとやれよ」

八時二十分をすぎていたので、ネットのむこうは登校する生徒たちでいっぱいだった。武藤に、まちがっても今日はやるなよと釘《くぎ》を刺《さ》しておきたかったが、息が切れて、とても口をきくどころではなかった。

ラケットを持って四階まで階段をのぼりながら、ぼくは武藤と話さなくてよかったとおもった。ぼくが武藤を呼びとめていたら、ほかの一年生はぼくたちがなにを話しているのかと、気になってしかたがなかったにちがいない。武藤ではなく、久保か末永を呼びとめていても同じ不安が広がっていたはずだ。冷静に考えれば、きのうのことは一度きりの悪だくみとしておわらせるしかないわけだが、疑いだせばきりがないのも事実だった。

　もしかすると、みんなは今日も末永をハメようとしていて、自分だけがそれを知らされていないのかもしれない。もしかすると、きのうのしかえしに、末永がなにかしかけようとしているのかもしれない。もしかすると、二、三人の仲のよい者どうしでもうしあわせて、たとえ負けてもひとりにはならないように*安全策をこうじているのかもしれない。

　ウラでうちあわせ可能な手口がつぎつぎ頭にうかび、これはおもっている以上に厄介《やっかい》だと、ぼくは頭を悩《なや》ませた。

　やはりキャプテンの中田さんに助けてもらうしかない。そうおもったが、それをおもいとどまったのは、きのうから今日にかけて、一番きついおもいをしているのは末永だと気づいたからだ。末永以外の一年生部員二十三人は、自分が加担した悪だくみの*ツケとして不安におちいっているにすぎない。それに対して末永は、今日もまたハメられるかもしれないという恐《おそ》れをかかえながら朝練に出てきたのだ。②最終的に中田さんに頼むとしても、まずはみんなで末永にあやまり、そのうえで相談するのが筋だろう。

　そう結論したのは、三時間目のおわりぎわだった。おかげで授業はまるで頭にはいっていなかったが、ぼくはようやく自分のするべきことがわかった気がした。そこでチャイムが鳴り、トイレに行こうと廊下《ろうか》に出ると、武藤が顔をうつむかせてこっちに歩いてくる。

「よお」

「おっ、おお」

　武藤はおどろき、気弱げな笑顔をうかべた。そんな姿は見たことがなかったので、もしかすると自分から*顧問《こもん》の浅井先生かキャプテンの中田さんにうちあけたのではないかと、ぼくはおもった。

　それなら、昼休みには浅井先生か中田さんがテニスコートにくるはずだ。たっぷり怒《おこ》られるだろうが、それで*ケリがつくならかまわなかった。

　給食の時間がおわり、ぼくはテニスコートにむかった。③しかし集まったのは一年生だけだった。ぼくは落胆《らくたん》するのと同時に自分の甘《あま》さに腹が立った。

　いつものように二十四人で輪をつくったが、誰の顔も緊張《きんちょう》で青ざめている。末永にいたっては、歯をくいしばりすぎて、こめかみとあごがぴくぴく動いていた。いまさらながら、ぼくは末永に悪いことをしたと反省した。

　しかしこんな状況《じょうきょう》で、きのうはハメて悪かったと末永にあやまったら、どんな展開になるかわからない。武藤をはじめとするみんなからは、よけいなことを言いやがってとうらまれて、末永だって怒りのやり場にこまるだろう。

　だから、一番いいのは、このままふつうにグーパーじゃんけんをすることだった。うまく分かれてくれればいいが、偶然《ぐうぜん》、グーかパーがひとりになる可能性だってある。ハメるつもりがないのに、末永がまたひとりになってしまったら、事態はこじれて収拾がつかなくなる。

みんなは青ざめた顔のまま、じゃんけんをしようとしていた。どうか、グーとパーが均等に分かれてほしい。

こぶしを顔の横に持ってきたとき、ぼくの頭に父の姿がうかんだ。一緒《いっしょ》にテニススクールに通っていたころ、父は試合で会心のショットを決めると、応援《おうえん》しているぼくたちにむかってポーズをとった。ぼくや母も、同じポーズで父にこたえた。

「グーパー、じゃん」

かけ声にあわせて手をふりおろしたぼくはチョキをだしていた。本当はVサインのつもりだったが、この状況ではどうしたってチョキにしか見えない。ぼく以外はパーが十五人でグーが八人。末永はパーで、武藤と久保はグーをだしていた。

ぼくが顔をあげると、むかいにいた久保と目があった。

「太二、わかったよ。おれもチョキにするわ」

久保はそう言ってグーからチョキにかえると、とがらせた口から息を吐《は》いた。

「なあ、武藤。グーパーじゃんけんはもうやめよう」

久保に言われて、武藤はくちびるを隠《かく》すように口をむすび、すばやくうなずいた。そして、武藤はにぎっていたこぶしから人差し指と中指を伸《の》ばすと、ぼくにむかってその手を突《つ》きだした。

武藤からのVサインをうけて、ぼくは末永にVサインを送った。④末永は自分の手のひらを見つめながらパーをチョキにかえて、輪のなかにさしだした。

「明日からのコート整備をどうするかは、放課後の練習のあとで決めよう。時間もないし、今日はチョキがブラシをかけるよ」

そう言って、ぼくが道具小屋にはいると、何人かの足音がつづいた。ふりかえると、久保と武藤と末永のあとにも四人がついてきて、ぼくは八本あるブラシを一本ずつ手わたした。

⑤コート整備をするあいだ、誰も口をきかなかった。ぼくの横には久保がいて、ブラシとブラシが離《はな》れないように歩幅《ほはば》をあわせて歩いていると、きのうからのわだかまりが消えていく気がした。

（佐川光晴「四本のラケット」〈『大きくなる日』所収〉）

（注）＊「シングルマッチ」…………一対一で戦うこと。
＊「白星」……………………試合に勝つこと。
＊「金星」……………………強い相手をたおすこと。
＊「ベースライン」…………テニスコートの一番後ろに引かれているラインのこと。
＊「ラリー」…………………ボールを打ち合うこと。
＊「ダブルフォールト」……サーブを連続二回失敗し、失点すること。
＊「安全策をこうじている」…危険を遠ざけていること。
＊「ツケ」……………………無理なこと、悪いことなどをした結果、自分にはね返ってくることがら。
＊「顧問の浅井先生」………テニス部の担当の先生。
＊「ケリがつく」……………終わりになる。

問一　――線部①「きのうからのモヤモヤ」とありますが、これは、誰をどうしたことに対するどのような思いですか。「～思い。」と続くように、本文中から十五字でぬき出して答えなさい。

問二　――線部②「最終的に中田さんに頼むとしても、まずはみんなで末永にあやまり、そのうえで相談するのが筋だろう。」とありますが、「ぼく」がそのように考えたのはなぜですか。その理由を説明した部分を二十五字以内でぬき出して答えなさい。

問三　――線部③「自分の甘さに腹が立った」とありますが、「自分の甘さ」とは何ですか。最も適当なものを次のア～エから一つ選び、記号で答えなさい。

ア　浅井先生や中田さんに怒られることで、自分たちの問題に決着がつくように考えていたこと。

イ　浅井先生や中田さんには、こっそりと相談した事実をごまかせるように考えていたこと。

ウ　浅井先生や中田さんが来てくれると、試合で勝つための実力がつくように考えていたこと。

エ　浅井先生や中田さんに相談すれば、コート整備をする必要がなくなるように考えていたこと。

問四　――線部④「末永は自分の手のひらを見つめながらパーをチョキにかえて、輪のなかにさしだした」とありますが、「末永」はどのような思いでチョキをさしだしたのだと考えられますか。最も適当なものを次のア～エから一つ選び、記号で答えなさい。

ア　ルールを無視した行動をすることで、自分をハメた部員たちを困らせてやろうという思い。

イ　友人の裏切りには納得がいかないが、形だけは仲直りの姿勢を見せておこうという思い。

ウ　みんなの反省の気持ちを受け止め、自分も相手を許してともに活動してゆこうという思い。

エ　相手を責めてばかりいたが、自分にも悪いところがあったと気づいて謝ろうとする思い。

問五　――線部⑤「コート整備をするあいだ、誰も口をきかなかった。ぼくの横には久保がいて、ブラシとブラシが離《はな》れないように歩幅《ほはば》をあわせて歩いている」とありますが、この部分はどのようなことを暗示していますか。最も適当なものを次のア～エから一つ選び、記号で答えなさい。

ア　自分のやってしまったことを悪かったと思い、浅井先生におこられることを全員が望んでいることを暗示している。

イ　口には出さないが、コート整備のやり方は変えるべきだという考えを全員が共通で持っていることを暗示している。

ウ　これからは考えていることを自由に言い合い、話し合いで決めていこうと静かに決意していることを暗示している。

エ　心を合わせて仲間と活動していきたいという気持ちが、何も言わなくてもたがいに通じていることを暗示している。

三 次の①～⑧の――線部のカタカナを漢字に直しなさい。

① 心からのシュクフクの言葉を友におくる。

② 大学で人体のコウゾウについて研究する。

③ セイミツ機器の取りあつかいに注意する。

④ 知人からもらった絵をガクに入れてかざる。

⑤ マクが上がり、いよいよ劇が始まった。

⑥ 期限までに宿題を終えるようにツトめる。

⑦ 席がえをきっかけに新たな人間関係をキズく。

⑧ 庭にさいていた百日草を仏前にソナえる。

四 次の①～⑧の熟語の成り立ちを、後のア～エから選んで、記号で答えなさい。

① 貧富　② 加熱　③ 競争　④ 就職

⑤ 軽傷　⑥ 願望　⑦ 激流　⑧ 往復

ア 似た意味の漢字の組み合わせ〈収納〉

イ 意味が対《つい》になる漢字の組み合わせ〈縦横〉

ウ 上の漢字が下の漢字を修飾《しょく》する関係にある組み合わせ〈強敵〉

エ 「――を」「――に」に当たる意味の漢字が下に来る組み合わせ〈洗顔〉

五

次の文の中から、主語と述語の関係を指定された数だけ見つけ、ぬき出して答えなさい。

（例）立派な警察署が完成し、住民は喜んだ。（二つ）

	主語	述語
・	警察署が	完成し
・	住民は	喜んだ

① 腹をすかせたトラがウサギを追いかけたが、トラは必死で逃げるウサギをつかまえられなかった。（二つ）

② 朝から雨風が強かったため、楽しみだった登山が中止され、私はとても悲しかった。（三つ）

③ 姉が誕生日にくれた本はとてもおもしろく、妹も私の次にその本を読んだ。（三つ）

令和５年度中学校第１回入学試験問題

算　　　数

（40分）

注　意

１．「始め」の合図《あいず》があるまで，この問題を開かないでください。

２．この問題は，全部で５ページです。印刷のはっきりしないところがあれば，試験監督《かんとく》の先生に申し出てください。

３．受験番号は，この問題の表紙および別紙解答用紙の指定されたところに必ず記入してください。

４．解答は，すべて別紙解答用紙に記入してください。

受　験　番　号

1 次の計算をしなさい。

(1) $2.3-1.67$

(2) $6\div1.2$

(3) $6+4\times2$

(4) $2\frac{1}{2}-1\frac{5}{6}$

(5) $\frac{3}{4}\div2\frac{1}{7}$

(6) $3\frac{1}{6}+4\times\left(\frac{1}{2}+\frac{3}{4}\right)$

(7) $30-\{25-(21-15)\div2\}$

(8) $\frac{1}{3}\div0.25-\frac{8}{15}\times0.75$

2 次の各問いに答えなさい。

(1) $7km^2$は何m^2ですか。

(2) 一の位を四捨五入すると 2360 になる整数のなかで，最も小さい整数を答えなさい。

(3) A，B，C，D，Eの5チームで，バレーボールの試合をします。
それぞれのチームが，他のどのチームとも1回ずつ試合をすると，全部で何試合ですか。

(4) ゆうきさんとゆうきさんのお父さんの年れいの比は 1：3 で，この 2 人の年れいの差は 26 さいです。このとき，ゆうきさんのお父さんは何さいですか。

(5)　もえさんは今までにテストを５回受けて，その平均点が 82 点でした。その後，６回目のテストを受けたところ，100 点をとりました。このとき，もえさんの 6 回の平均点は何点ですか。

(6)　ある博物館の８月１日の入館者数は 400 人でした。

８月２日の入館者数は８月１日の入館者数より１割多く，８月３日の入館者数は８月２日の入館者数より１割少なくなりました。８月３日の入館者数は何人ですか。

(7)　とおるさんは，ちあきさんが忘れ物をしたことに気づき，追いかけることにしました。

とおるさんが追いかけ始めたとき，ちあきさんととおるさんは１km 離れていました。

分速 55 mで歩いているちあきさんを，とおるさんが分速 95 mで追いかけます。

とおるさんがちあきさんに追いつくのは，とおるさんが出発してから何分後ですか。

3　次の各問いに答えなさい。ただし，円周率は3.14とします。

(1)　下の図で角アの大きさを求めなさい。

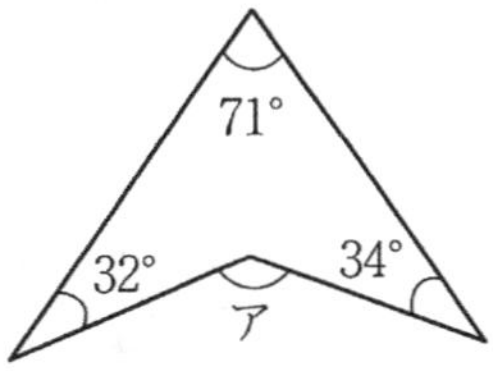

(2)　下の図は長方形の紙を折り曲げたものです。角イの大きさを求めなさい。

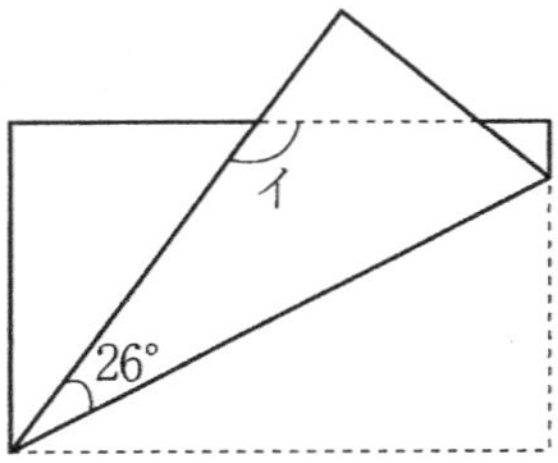

(3)　下の図で，四角形ABCFと四角形FCDEはそれぞれ正方形であり，それぞれの正方形の中に直径が10 cmの円があります。また，直線ADは四角形ABDEの対角線です。このとき，かげのついている部分の面積の和は何 cm^2 ですか。

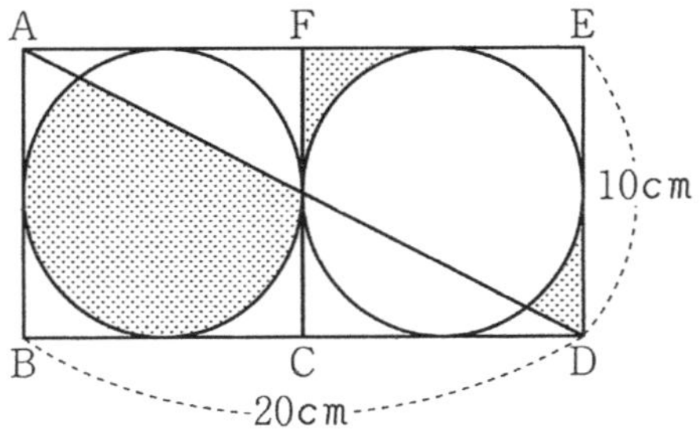

(4)　右の図のような円柱の展開図があります。長方形ABCDの面積は251.2cm^2です。

①　底面の円の半径は何cmですか。

②　円柱の体積は何cm^3ですか。

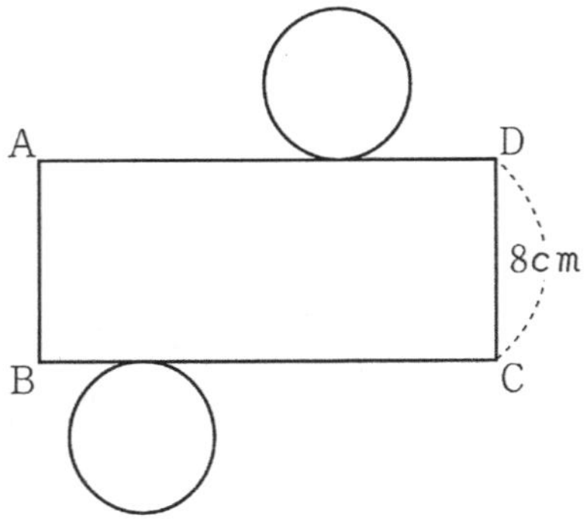

4　右の図の四角形ABCDは長方形であり，辺ABの長さは12cm，辺ADの長さは16cm，対角線ACの長さは20cmです。

3点P，Q，Rは点Aを同時に出発し，それぞれ次のように動きます。

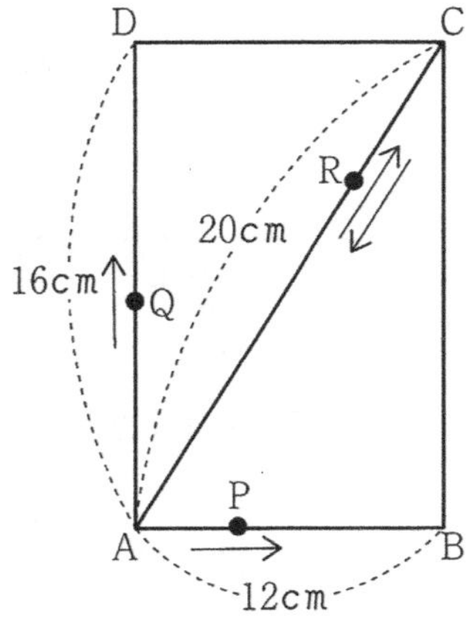

点Pは辺AB上を秒速1cmで点Bまで進み，点Bに着いたら止まります。 点Qは辺AD上を秒速2cmで点Dまで進み，点Dに着いたら止まります。 点Rは辺AC上を秒速5cmで点Cまで進み，点Cに着いたらすぐに折り返し，秒速5cmで点Aまで進み，点Aに着いたら止まります。

このとき，次の問いに答えなさい。

(1)　出発してから3秒後の3点P，Q，Rの位置を，それぞれ解答用紙にかきなさい。

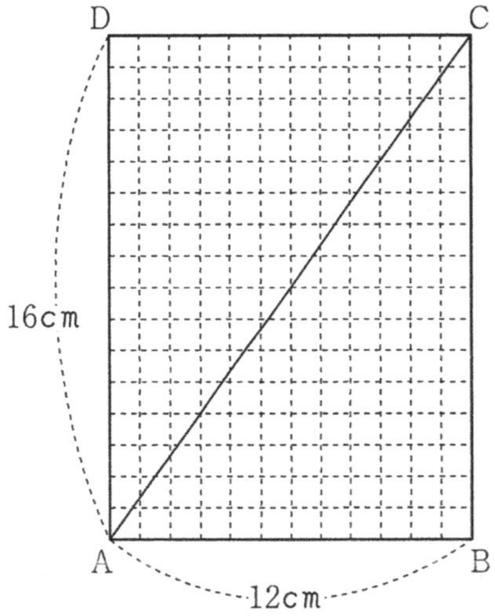

(2)　出発してから3秒後の三角形RABの面積は何cm^2ですか。

(3)　出発してから5秒後の三角形PQRの面積は何cm^2ですか。

(4)　2点P，Rを通る直線が辺BCと平行になるのは，出発してから何秒後ですか。
この問題は求め方も書きなさい。解答用紙の図は説明のために使ってもかまいません。

余　白

令和５年度中学校第１回入学試験問題

英　　　語

（20分）

注　意

1．「始め」の合図《あいず》があるまで，この問題を開かないでください。
2．この問題は，全部で５ページです。印刷のはっきりしないところがあれば，試験監督《かんとく》の先生に申し出てください。
3．受験番号は，この問題の表紙および別紙解答用紙の指定されたところに必ず記入してください。
4．解答は，すべて別紙解答用紙に記入してください。
5．[1]はリスニング問題，[2]は筆記問題となっています。
6．試験開始直後に放送が流れます。放送の指示に従って解答してください。

受　験　番　号

1

※音声と放送原稿非公表

問１　No.1からNo.5のイラストについて，それぞれA・B・C，３つの英単語が読まれます。イラストが表しているものをA・B・Cから１つ選び，記号で答えなさい。英単語は２回流れます。

No.1

No.2

No.3

No.4

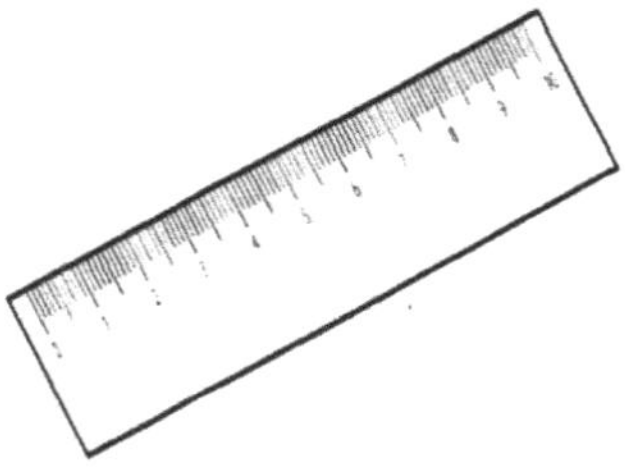

No.5

問２　この問題では，英語の質問と，A・B・C，３つの英文が読まれます。質問に対する答えとして最も適切なものを，A・B・Cから１つ選び，記号で答えなさい。なお，この問題はNo.1からNo.4の４問あります。質問と英文はそれぞれ２回流れます。

問3　No.1，No.2では，２人の人物が会話をしています。その内容に最も合うイラストを，A～Dから１つ選び，記号で答えなさい。会話は２回流れます。

No.1

A

B

C

D

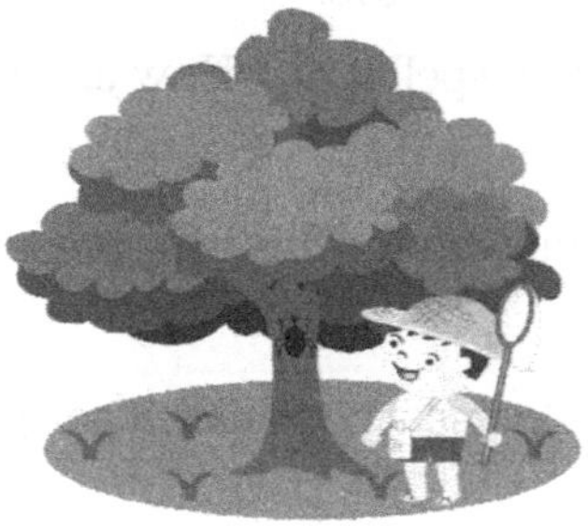

No.2

A

B

C

D

2

問１　(1)から(4)では，AさんとBさんの２人が会話をしています。(　　　　)にあてはまる最も適切なものを，①～④から１つ選び，番号で答えなさい。

(1)　A：How much is your bag?
　　B：(　　　　　).
　① It's at home　② It's small　③ It's 3,000 yen　④ It's black

(2)　A：(　　　　　) in the sky?
　　B：I saw many birds.
　① What did you see　② When do you go　③ Did you eat　④ Do you live

(3)　A：I like dogs. (　　　　　)?
　　B：I like dogs, too.
　① How do you spell it　② How about you　③ What's your name　④ What is that

(4)　A：Thank you for this nice present.
　　B：(　　　　　).
　① You're welcome　② I like a party　③ Nice to meet you　④ It's my birthday

問２　(1)から(3)において，日本文と同じ意味を表すように，①から④の語を並べかえて，文を完成させなさい。解答用紙には，その番号を書きなさい。ただし，(　　　　)の中では，文のはじめにくる語も小文字になっています。

(1)　あなたの誕生日はいつですか？

　(① birthday　② is　③ when　④ your)?

(2) あなたはサッカーをすることができますか？

　(① can　② play　③ soccer　④ you)?

(3) 私は今年の冬休みにハワイに行きました。

　(① Hawaii　② I　③ to　④ went) this winter vacation.

令和五年度中学校第一回入学試験

国語解答用紙

一

問一
(1)
(2)
問二
問三
問四

二

問一
思い。
問二
問三
問四

※100点満点
（配点非公表）

受験番号

2	(1)		m^2
	(2)		
	(3)		試合
	(4)		さい
	(5)		点
	(6)		人
	(7)		分後

4		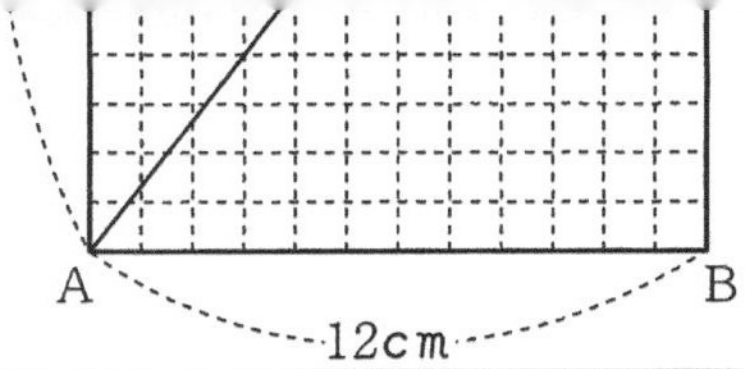
	(2)	cm^2
	(3)	cm^2
	(4)	【求め方】 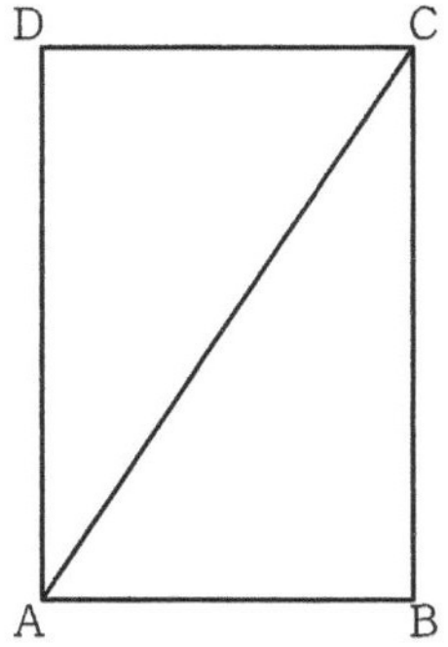 答え 秒後

2023(R5) 新潟第一中
教英出版

2

問 1

(1)		(2)		(3)		(4)	

問 2

(1)	→ → →
(2)	→ → →
(3)	→ → →

問 3

問 4

(1)		(2)	

令和５年度中学校第１回入学試験

※50点満点
（配点非公表）

英 語 解 答 用 紙

受 験 番 号

1

問 1

No.1		No.2		No.3		No.4		No.5	

問 2

No.1		No.2		No.3		No.4	

問 3

No.1		No.2	

【解答用

令和５年度中学校第１回入学試験

算 数 解 答 用 紙

※100点満点
（配点非公表）

受 験 番 号

1	(1)	
	(2)	
	(3)	
	(4)	
	(5)	
	(6)	
	(7)	
	(8)	

3	(1)		度
	(2)		度
	(3)		cm^2
	(4)	①	cm
		②	cm^3

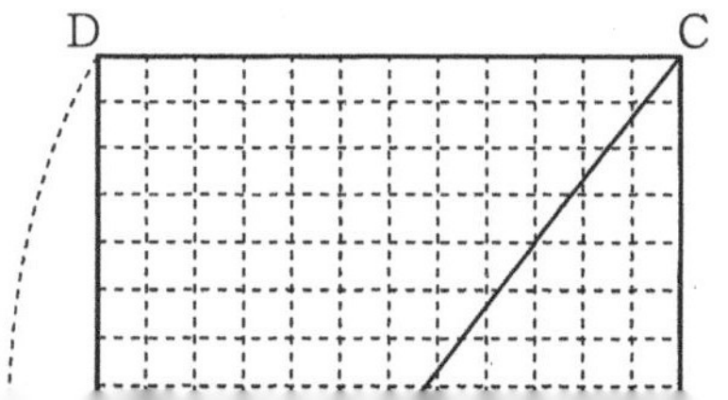

【解答用

三

①	②	③	④

⑤	⑥	⑦	⑧

四

①	②	③	④

⑤	⑥	⑦	⑧

五

	①		②			③		
	・	・	・	・	・	・	・	・
主語								
述語								

問３　次の英文はある生徒の自己紹介文です。この生徒は日曜日に何をしていますか。日本語で答えなさい。

This is me!

I like sports.

My favorite sport is soccer.

My favorite soccer player is Keisuke Honda.

I play soccer on Saturdays.

I watch soccer games on Sundays.

Thank you.

問４　次の英文は，ある生徒が夏休みの思い出を英語で日記にしたものです。（１），（２）に入る英単語として最も適切なものを，それぞれ下の選択肢①～④から１つずつ選び，番号で答えなさい。

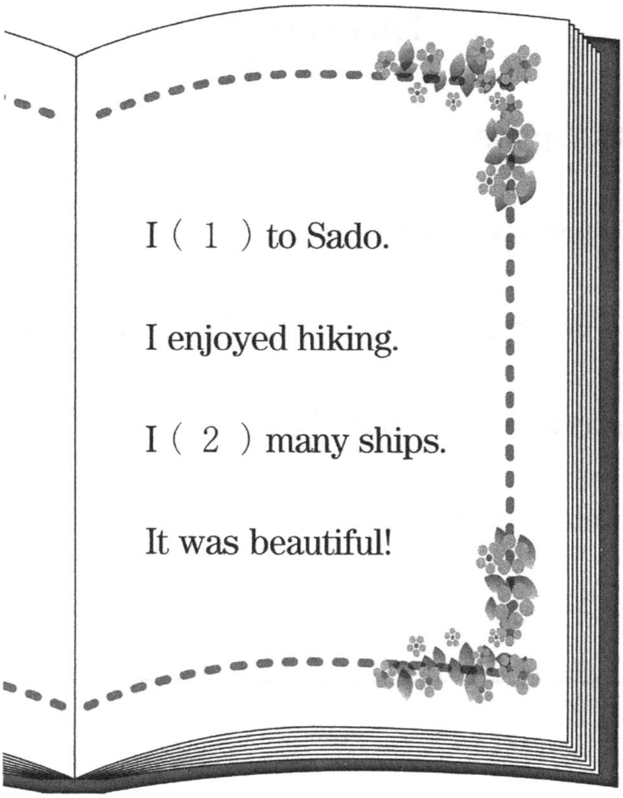
I (1) to Sado.
I enjoyed hiking.
I (2) many ships.
It was beautiful!

《選択肢》	① ate	② went	③ saw	④ had

余　白

令和４年度中学校第１回入学試験問題

国　　語

（50分）

注　意

1．「始め」の合図《あいず》があるまで、この問題を開かないでください。
2．この問題は、全部で11ページです。印刷のはっきりしないところがあれば、試験監督《かんとく》の先生に申し出てください。
3．受験番号は、この問題の表紙および別紙解答用紙の指定されたところに必ず記入してください。
4．解答は、すべて別紙解答用紙に記入してください。
5．字数制限のある問題については、記号・句読点も一字とかぞえてください。

新潟第一中学校

受　験　番　号

2022(R4) 新潟第一中
K 教英出版

一　次の文章を読んで、後の問いに答えなさい。なお、一部の語にふりがなと注をつけています。

言葉にはまず、*先に述べたような、ものをグループ分けする働き、つまりカテゴリー化する働きがあります。そこでは、いま目の前にしているリンゴ、たとえば*紅玉《こうぎょく》の独特の赤い色とか、それ特有の甘酸っぱい味、あるいはそれが私の好みであるとかいったことは問題にされません。むしろリンゴに共通の性質ですべてのものをひとくくりにすることがその場合の唯一《ゆいいつ》の関心事です。

しかし、たとえば友人に「紅玉はおいしいよね」と語ったとき、この「紅玉」ということばは、その①基礎《きそ》的な意味を相手に伝えるだけでなく、相手がその味を知っている場合には、その人のなかに、紅玉独特の強い酸味のきいた甘さをありありとイメージさせることができます。それを言葉の喚起《かんき》機能と呼んでよいと思いますが、わたしたちは、「紅玉」ということばを聞いたとき、その音声越《ご》しに基礎的な意味を聞くだけでなく、さらにその意味を越《こ》えて、このことばがもつ豊かな意味あいをも聞くことができるのです。ここに鍵《かぎ》がありそうです。

たしかに、わたしたちはいくらことばを重ねても、紅玉の微妙《びみょう》な味をことばで表現し尽《つ》くすことはできません。そこに言葉の限界があります。しかし他方、いま言った機能によって、その味を直接相手のなかに喚起することができます。②そのような働きがあるからこそ、わたしたちの会話は、平板な意味のやりとりに終始せず、いきいきとしたものになるのだと言えるのではないでしょうか。

しかし、そのような機能が発揮されるのは、相手が自分と同じ経験をしている場合だけにかぎられるのでしょうか。わたしは言葉の喚起機能はもう少し広がりをもったものだと考えています。そういう力はとくに詩歌《しいか》において発揮されます。そのことを具体的な例を通して見てみましょう。③*芭蕉《ばしょう》に次のような句があります。

A　よくみれば薺《なずな》花さく垣《かき》ねかな

薺というのは「せり、なずな、ごぎょう、はこべら、ほとけのざ……」と言われる春の七草の一つです。ペンペン草という別名をもつ、雑草の代表のような草です。それを振ると実がペンペンと音を立てるので、子どもが遊びに使いますが、しかし、その花は実に地味な小さい白い花で、ほとんど注意されることはありません。その花に芭蕉は目を留《と》め、その地味な花がもつ美しさに動かされていることがこの句からわかります。

「よくみれば」というのは、ただ単に「よく観察すれば」という意味ではありません。日常の生活の延長上で、より精確に観察された事態がここで詠《うた》われているのではありません。日常のものを見る目、ものを見る立場というものを超《こ》えたところに開かれてくる世界が詠われていると言えると思います。

ふだん、わたしたちは生活のためにけんめいに働いています。必死で働いているとき、なずなのような地味な花の美しさが目に入ってくることはありません。生活のためにという枠《わく》が外れたときにはじめて、何の役にも立たない、少しも注意を引かない、ごくごく小さいもののなかにある美が目に入ってきます。そこでは、ものを見る目が変わり、世界の経験のされ方が変わっていると言ってもよいかもしれません。芭蕉はその世界を、そしてその世界のなかに見いだされる美を詠ったのです。

この句を読んだとき、わたしたちはそれまでなずなの花の美しさに感動した **X** がなくても、芭蕉が言おうとすることを理解することができます。芭蕉とともに「よくみれば薺花さく垣ねかな」ということばの背後にある「こと」の世界へと、つまり芭蕉が **X** していく美の世界へと引き入れられていきます。

この句もそうですが、詩歌は特別なことばを用いるわけではありません。詩歌が用いる一つひとつのことばは、わたしたちが日常の会話のなかで使っているのと同じものです。日常の事物を言い表すことばを使いながら、詩歌は、このことばの背後に、日常の世界を超えた世界をくり広げていく力をもっているのです。とくに俳句や短歌はごくわずかのことばしか使いませんが、それを読む人のうちに、かぎりない「こと」を喚《よ》び起こし、無限に大きな「こと」の世界を切り開いていきます。詩歌を読む人は、一つひとつのことばを読みながら、それを踏《ふ》みこえてこの無限の「こと」の世界のなかに参入していくのです。それを可能にするところに詩歌の力が、広く言えば④言葉の力があると言えます。

（藤田正勝『はじめての哲学』岩波ジュニア新書）

（注）＊「先に述べたような、ものをグループ分けする働き、つまりカテゴリー化する働きがあります」…筆者はこの文章の前の部分で、言葉には共通する特徴《とくちょう》によって物事をひとまとめにする働きがある、ということを述べている。

＊「紅玉」…リンゴの品種の一つ。

＊「芭蕉」…江戸時代に活躍し、多くの俳句を世に残した松尾芭蕉のこと。

問一 ――線部①「基礎的な意味」とありますが、「紅玉」という言葉が伝える「基礎的な意味」の内容を示した言葉を、本文中から十字以内でぬき出して答えなさい。

問二 ――線部②「そのような働き」とはどのような「働き」ですか。本文中の言葉を使って三十字以内で説明しなさい。

問三 ――線部③「芭蕉に次のような句があります」とありますが、筆者はなぜここで松尾芭蕉の俳句を紹介しているのですか。その説明として最も適当なものを、次のア～オから一つ選び、記号で答えなさい。

ア 芭蕉のすばらしい俳句を読むことで、普段はまったく注目されることのない薺の美しさがよくわかるから。

イ 江戸時代の古い俳句の言葉を知ることで、現代にはない言葉の喚起機能をわかりやすく伝えられるから。

ウ 日常生活で気づいた事態を明確に示した俳句を見ることで、言葉の喚起機能の新たな面が見えてくるから。

エ 詩歌で使われている言葉を具体的に見ることで、日常生活では体験できないことの大切さに気づけるから。

オ 芭蕉の俳句が伝えていることを詳しく知ることで、言葉の喚起機能の理解をより深めることができるから。

問四 Aの俳句について次の問いに答えなさい。

（1）季語になっているものをひらがなで答えなさい。

（2）同じ季節の俳句を、次のア～オから一つ選び、記号で答えなさい。

ア 柿《かき》食えば鐘《かね》が鳴るなり法隆寺《ほうりゅうじ》

イ 五月雨《さみだれ》や大河《たいが》を前に家二軒《けん》

ウ 雪とけて村いっぱいの子どもかな

エ 流れ行く大根の葉の早さかな

オ 閑《しず》かさや岩にしみ入る蝉《せみ》の声

問五 空らん X に入る言葉を、本文中から二字でぬき出して答えなさい。

問六 ――線部④「言葉の力」とありますが、俳句や短歌が持つ「言葉の力」とはどのようなものですか。その説明として最も適当なものを、次のア～オから一つ選び、記号で答えなさい。

ア 日常使っている言葉と同じ言葉であり、ごくわずかな言葉で表現されていても、日常の世界を超えた美の世界を経験させるもの。

イ 日常生活の延長上にある「こと」の世界に目を向けさせ、そこで多くの人が経験できる感動を分かりやすく伝えられるもの。

ウ 季節ごとに感じられる風景の美しさを限られた字数で表現するとともに、日常生活のすばらしさを味わわせることができるもの。

エ つまらない日常とは異なる「こと」の世界があることを伝え、芭蕉が感じた美しい風景を人々にしみじみと感じさせるもの。

オ 無限に大きな「こと」の世界を作り上げるが、それを日常で使う易しい言葉で表現することで、気づかれないように隠すもの。

二　次の文章を読んで、後の問いに答えなさい。なお、一部の語にふりがなと注をつけています。

市野中学校三年生の設楽《したら》（僕《ぼく》）は、県大会出場を目指して駅伝*の練習に励《はげ》んでいる。勝敗の鍵《かぎ》を握《にぎ》る1区の走者に指名されたものの、練習での記録は伸《の》びず、その上、駅伝メンバーの中で最も気が合わないと感じている大田が次の2区の走者に決まり、「僕」は戸惑《とまど》っていた。

それぞれ区間を走り終えて競技場まで戻ると、みんなゆったりと休憩《きゅうけい》をした。この地域に一つしかないこの競技場は、敷地内《しきちない》に公園もサブグラウンドもある大きなもので、至る所に芝生《しばふ》が植えられている。スポーツをするのにも休息を取るのにも、最適な場所だ。僕は芝の上で、一人でストレッチをした。久しぶりに出た九分台に、心も穏《おだ》やかだった。

「おい、お前、そろそろ本気出せよ」

足の筋を伸ばしていると、大田が隣《となり》にどかっと座ってきた。

「え？」

大田がやってきたことにびっくりして、僕の声はうわずった。

「え？　って、もうあと十日だろ？　マジでやれよ」

「マジでって……？」

「マジで走れってこと。お前、もっともっと速かったじゃん」

そう言うと、大田は僕のスポーツ飲料を勝手に開けて飲んだ。

「①もっとって言われても……」

今日はいい記録を出せたし、自分自身のベストに近い走りだった。

「お前こんなもんじゃねえだろ。俺《おれ》、陸上わかんねえからタイムのことは知らねえけど、小学校二年からお前は俺の何倍も速かったはずだ」

「さ、さあ……」

僕は首をかしげた。小学校二年で走った記憶《きおく》などない。そもそも僕が走って記録を出したのは六年の駅伝だけで、あとは細々とした小学生活を送っていた。

「さあとかとぼけんなよ。あのころ市野小で、俺といい勝負するのお前だけだったじゃん」

大田は話の通じない僕にいらついていたが、僕もちんぷんかんぷんだった。大田となんて勝負したことがない。小学生の時から僕は大田が怖《こわ》かった。

「あーもう、本当、お前、記憶力ゼロだな。二年生の時の全校レクリエーションで鬼《おに》ごっこしたことあっただろ？」

的を射ない僕に、大田は座りなおし胡坐《あぐら》をかいた。

「まあ、なんか、そういうのはあったような気もする」

「そうそれ。その時俺、鬼だったんだ。俺は超《ちょう》最強の鬼で全員捕《つか》まえたのに、お前だけ捕まえられなかった。お前には全然追いつけなかったもんな」

僕たちの通っていた小学校は小さかったから、よく全校や学年で遊ぶレクリエーションというのがあった。もちろん僕にとってそれは楽しいものではなかった。ドッジボールをしようとかくれんぼうをしようと、僕には敵がたくさんいて、いつだって必死で逃げるしかなかった。

「俺が全速ダッシュで追いかけてるのに、お前どんどん引き離《はな》してさ。手が届かなかったんだよなあ。うん、お前の走りっぷりってすごかった」

大田は昔を懐《なつ》かしむように言った。

「そ、それは本気で大田君が怖かったからだよ」

僕は見当違《ちが》いに褒《ほ》められるのが申し訳なくて、正直に告白した。その時の記憶はないけど、小学二年の僕にとって、追いかけてくる大田は本物の鬼以上に怖かったはずだ。

「怖い？」

「ああ、えっと、まあ、その、なんか怖いかな」

「怖いって、②俺、お前に何もしたことねえじゃん」

大田は堂々と言いはなった。確かに僕は大田に何もされたことがない。だけど、それは相手にするのが恥ずかしいほど僕が弱いからだ。

「そうだけど……でも、それは……」

「でも、何だよ」

「何って……」

「はっきり言えよな」

大田の視線が僕のほうへ動く。大田の目はいつも尖《とが》っている。その鋭《するど》さに、僕は声が出なくなってしまう。

「本当、お前って俺とまともに話そうとしねえな」

「そ、そんな……」

「まあ、お前にとっちゃ俺なんか相手になんねえだろうし、どうせ俺はお前と勝負するような場にすらいねえのかもしれねえけど」

「いや……」

「でも、俺は小学二年の時からお前のことすげえライバルが現れたと思ってたんだぜ。俺、幼稚園《ようちえん》から、鬼ごっこでもドッジでも負け知らずだったのに、追いつけないやつがいるなんてさ」

大田はそう言うと、また僕のスポーツ飲料を飲んだ。

大田の言っていることがわかるのには、ずいぶん時間がかかった。大田がそんなことを思っていたなんて、想像できるわけがなかった。今横にいる大田に、返したい言葉はいくつかあった。でも、僕の中のどの思いも言葉には変換《へんかん》できなかった。

「とにかく俺ごときに簡単に追いつかれそうなとこにいるなよな」

大田はそう言うと、よいしょと立ち上がった。*桝井《ますい》が集合だと言っている。

「*うぜえ、早く帰らせろよ」

大田は怒鳴《どな》りながら、みんなのほうへ向かっていった。

1区は最初からハイペースで、競技場を出たあたりで、早くも何人かが集団を抜《ぬ》け出した。こんなに早く勝負をかけてくるなんて。一瞬《いっしゅん》焦《あせ》ったが、臆《おく》している暇《ひま》はない。少しでもひるんだら、そこで負けてしまう。六位以内に絶対に入らなくてはいけないのだ。

競技場を出ると川沿いの道が続く。川のすぐそばにそびえる山の木々が、音を澄《す》ましてくれる。静かに流れる川の音は、心地いい。大丈夫《だいじょうぶ》だ。僕は穏やかに響《ひび》く川音に合わせるように足を進ませた。優勝候補の加瀬南中学の選手が飛ばし、それに何人かがついていく。僕はトップを走る加瀬南中の背中だけを見た。あの背中に追いつこう。昔、大田が僕を追いかけたみたいにどこまでも追いかけよう。単調な道に気持ちを途切《とぎ》れさせないように、僕は先頭を追いかけた。

　川沿いの道を抜け広い道に出ると、沿道にはたくさんの観客がいた。「ファイト」「がんばれ」という声がひっきりなしに聞こえてくる。市野中学の生徒や保護者もいて、僕に対する声援《せいえん》もあった。初めて駅伝を走った時、僕は心底驚《おどろ》いた。この僕が、みんなから励《はげ》ましやねぎらいの言葉を送られているのだ。もし僕が駅伝を走っていなかったら、陸上部に入っていなかったら、誰かに応援されることなどなかったはずだ。がんばれという言葉が、僕にはよく響く。ありきたりの言葉がありがたいということを、僕はここにいる誰よりも知っている。桝井が僕をここに連れてきてくれた。いじめられっ子だった僕を、こんな場に導いてくれた。絶対に遅《おく》れるな。絶対に先頭から離れるな。僕はみんなの声をかみしめるように、さらに力をこめた。

　2キロ地点を通過し、全体のスピードが上がった。先頭集団は四人。それを追う集団は僕を含《ふく》め五人。やはり1区の選手は最後まで力が落ちない。僕以外は二年のころから1区や6区を走っていた選手ばかりだ。誰もが華々《はなばな》しくて際立《きわだ》った力がある。いや、引け目を感じることなんてない。僕は自分の腕《うで》に足に目をやった。小さいころから僕は、みんなより頭一つ大きかった。そのせいで、棒だの電柱だのとからかわれた。でも、陸上部に入って、この身体は僕の強みだと知った。棒のように長く大きな身体は、僕を前へと進ませてくれる。

　残り500メートル。みんながスパートをかけはじめ、僕もピッチを上げた。遅れるわけにはいかない。僕はずっと言われるがままに走ってきた。楽しいのかなんて感じる余裕《よゆう》もなく、義務のように走ってきた。だけど、③今、僕を走らせているのは、義務感だけじゃない。「勝ちたくない？」駅伝練習が始まる前、桝井は僕に訊《き》いた。勝つ、負けるということは、よくわからない。でも、この襷《たすき》を大田に繋《つな》ぎたいと、誰《だれ》よりも早く大田に渡したいと思っている。後ろに迫《せま》ってくる足音を振《ふ》り切るように、僕は更《さら》に加速した。

「設楽、ここまで！」

　最後の角を曲がると、大田の野太い声が聞こえてきた。大田はずいぶん先から僕の走りを真《ま》っ直《す》ぐに見ている。まぶしいのだろうか、大田の目は細くしかめられている。*すごみのある大田の視線と声に、プレッシャーは極度に達した。小学校駅伝の時とは比べ物にならない重いプレッシャーだ。けれど、あの時みたいにつらくはない。この重さが心地いい。僕は残っていた力の全《すべ》てをこめて、足を前へと進ませた。もう何も身体に残さなくていいのだ。全てを前に進ませる力に変えればいいのだ。僕は死に物ぐるいで走った。大田が怖いからじゃない。大田の［X］でいたいからだ。大田と同じ場に立てるやつでいたいからだ。

残り5メートル。僕は倒《たお》れこむように大田に手を伸《の》ばした。

「お疲《つか》れ、設楽！」

大田は奪《うば》うように襷を受け取った。

「頼《たの》む」

そう言おうとしたけど、もう声を発する力すら残っていなかった。

それでも大田は、

「任せとけ」

と、軽く右手を上げて④僕に応《こた》えて、駆《か》けていった。

（瀬尾まいこ『あと少し、もう少し』新潮文庫刊）

（注）＊「駅伝」……長い距離をいくつかの区間に分け、数人でリレーして走る競技。

＊「桝井」……駅伝メンバーで、陸上部の部長の名前。

＊「うぜえ」…うっとうしい。

＊「すごみ」…ぞっとするほどのおそろしさ。

問一　——線部①「『もっとって言われても……』」とありますが、この時「僕」はどのような気持ちでしたか。最も適当なものを、次のア～エから一つ選び、記号で答えなさい。

ア　自分では満足のいく結果を出せたため、努力の成果を否定する大田の発言に反論したい気持ち。

イ　自分では満足のいく結果を出せたため、さらなる成果を求めている大田の発言に戸惑う気持ち。

ウ　自分では満足のいく結果を出せたのに、それを認めようとしない大田の発言にあきれる気持ち。

エ　自分では満足のいく結果を出せたのに、悪い点だけを見つける大田の発言を悲しく思う気持ち。

問二　——線部②「俺、お前に何もしたことねえじゃん」とありますが、「大田」が「僕」に何もしなかったのはなぜですか。「僕」が考えていた理由と「大田」が考えていた理由を、それぞれ二十五字以内で答えなさい。

問三　――線部③「今、僕を走らせているのは、義務感だけじゃない」とありますが、「僕」を走らせているのは何ですか。**適当でないもの**を、次のア～オから**二つ選び**、記号で答えなさい。

ア　もう何も身体に残さなくてもいいという無力感。
イ　襷をつなぐために全力をつくしたいという思い。
ウ　「僕」を励ましてくれる生徒や保護者からの声援。
エ　長身な身体に支えられた自分の走りに対する自信。
オ　待っている「大田」からの重くつらいプレッシャー。

問四　空らん［X］に入る最も適切な言葉を、本文中から四字でぬき出して答えなさい。

問五　――線部④「僕に応えて」とありますが、その部分についてAさんとBさんが会話をしています。二人の会話の空らん［1］と［2］にはどのような言葉が入りますか。［1］は本文中の言葉を使って答え、［2］は最も適当なものを、後の［　］のア～エから一つ選び、記号で答えなさい。

Aさん――　――線部④の直前の襷の受け渡しの場面で、「僕」の「頼む」という声は、実際は「大田」には聞こえていないよね。それなのにまるで聞こえたかのように、彼は「任せとけ」と返事をしているよ。「僕」に言葉を返したことが「僕に応え」たということなのではないかな。

Bさん――　そうだね。だけど、言葉以外に、気持ちでも「僕に応え」たとは考えられないかな。

Aさん――　なるほど。「僕」は「大田」に対して［1］という思いで走ってきたわけだけれど、その思いを「大田」が受け取り、「大田」もまた［2］という思いを「僕」に返したということだね。

Bさん――　襷の受け渡しが、気持ちの受け渡しにもなっているんだね。

ア　次の3区の走者の実力を信じて、すべてを彼に任せよう
イ　練習通りの走りができるよう、落ち着いて走るつもりだ
ウ　「僕」の走りにはじないような、すごい走りをしてみせる
エ　自分が絶対に最下位から追い上げてみせるから心配するな

三　次の文章 A・B を読んで、後の問いに答えなさい。なお、一部の語にふりがなと注をつけています。

A

夢を見ることは青春の特権だ。

これは何も暦《こよみ》の上の年齢《ねんれい》とは関係ない。十代でも、どうしようもない年寄りもいるし、七十、八十になってもハツラツとして夢を見つづけている若者もいる。

だから年齢の問題ではないが、青年の心には夢が燃えている。だが、そういった夢を*抑圧《よくあつ》し閉ざしてしまう社会の壁《かべ》がこの現代という時代にはあまりにも多すぎる。

ぼくは口が裂《さ》けてもアキラメロなどとは言わない。

それどころか、青年は己の夢にすべてのエネルギーを賭《か》けるべきなのだ。勇気を持って飛び込《こ》んだらいい。

B

失敗したっていいじゃないか。不成功を恐《おそ》れてはいけない。人間の大部分の人々が成功しないのがふつうなんだ。パーセンテージの問題でいえば、その九九％以上が成功していないだろう。

しかし、挑戦《ちょうせん》した上での不成功者と、挑戦を避《さ》けたままの不成功者とではまったく天地のへだたりがある。挑戦した不成功者には、再挑戦者としての新しい輝《かがや》きが約束されるだろうが、挑戦を避けたままで*オリてしまったやつには新しい人生などはない。ただただ成り行きにまかせてむなしい生涯《しょうがい》を送るにちがいないだろう。

それに、人間にとって成功とはいったい何だろう。結局のところ、自分の夢に向かって自分がどれだけ挑んだか、努力したかどうか、ではないだろうか。

夢がたとえ成就しなかったとしても、精いっぱい挑戦した、それで爽《さわ》やかだ。

（岡本太郎『自分の中に毒を持て』）

（注）＊「抑圧」……………人の活動や欲望を強くおさえつけること。
＊「オリてしまった」…挑戦することをやめてしまった。

問一　――線部「人間にとって成功とはいったい何だろう」とありますが、筆者の考える成功とは、どのようなことですか。本文[A]・[B]の内容をふまえて書きなさい。

問二　問一の筆者の考えに、あなたは賛成ですか、反対ですか。どちらかを選んで解答のはじめに書き、それを選んだ理由を、自分の体験をふまえて書きなさい。

四

次の①～⑩の――線部のカタカナは漢字に直し、漢字はその読みをひらがなで書きなさい。

① 友だちとソウダンする。

② 賛成にイッピョウをいれる。

③ キュウシキの電化製品。

④ ケイサツショを見学する。

⑤ 世界イサンを調べる。

⑥ かぜ薬を服用する。

⑦ 単行本の帯を取る。

⑧ コンロの火加減を見る。

⑨ 電車の線路が縦横に走る。

⑩ 磁石で砂鉄を集める。

余

白

余白

余

白

令和４年度中学校第１回入学試験問題

算　　数

(50分)

注　意

1．「始め」の合図《あいず》があるまで、この問題を開かないでください。
2．この問題は、全部で６ページです。印刷のはっきりしないところがあれば、試験監督《かんとく》の先生に申し出てください。
3．受験番号は、この問題の表紙および別紙解答用紙の指定されたところに必ず記入してください。
4．解答は、すべて別紙解答用紙に記入してください。

受　験　番　号

1 次の計算をしなさい。

(1) $7.4+3.72$

(2) $2022-1986$

(3) 47×83

(4) $1213\div23$（商とあまりを求めなさい。商は整数とします。）

(5) $21+8\times5-5$

(6) $7\frac{1}{3}-3\frac{4}{5}$

(7) $\frac{1}{2}+\frac{1}{3}\times\left(\frac{1}{2}+\frac{1}{3}\right)$

(8) $24\div8\div(12\div4)$

(9) $34\div2+\{65-(32-6)\div2\}\div4$

(10) $1.2\times59+1.2\times61$

$\boxed{2}$　次の各問いに答えなさい。

(1)　153 分は何時間ですか。小数で答えなさい。

(2)　ある数から 7 をひいて 5 倍したところ，80 となりました。ある数を求めなさい。

(3)　24 枚のクッキーと 56 個のゼリーをいくつかの箱に入れます。どの箱にも同じ枚数のクッキーと，同じ個数のゼリーが入るようにし，あまりが出ないようにします。

①　できるだけ多くの箱に入れるには，何箱用意すればよいですか。

②　① のとき，1 箱に入るクッキーの枚数とゼリーの個数をそれぞれ求めなさい。

(4)　4 枚のカード $\boxed{0}$, $\boxed{1}$, $\boxed{3}$, $\boxed{5}$ があります。この 4 枚のカードから 3 枚選び，横 1 列に並べて 3 けたの整数をつくります。ただし，いちばん左の百の位には $\boxed{0}$ は置いてはいけません。3 けたの整数は全部で何個できますか。

(5)　赤い紙，白い紙，青い紙がそれぞれ何枚かあります。赤い紙と白い紙の枚数の比が5：6，白い紙と青い紙の枚数の比が14：25であるとき，赤い紙と青い紙の枚数の比を，最も簡単な整数の比で表しなさい。

(6)　ガソリン15Lで180kmm走る車があります。この車が288km走るとき，ガソリンを何L使いますか。

(7)　1周2400mの池の周りをAさんとBさんがそれぞれ一定の速さで走ります。Aさんは分速180m，Bさんは分速120mで走り，2人が同時に同じ地点から反対方向に出発するとき，最初に出会うのは何分後ですか。

(8)　ある店では，何本かのロールケーキを1本800円で毎日仕入れています。普段《ふだん》は1本あたりの利益が仕入れ値の30%となるように値段をつけ，仕入れた分はその日のうちにすべて売り切っています。

ある日，このロールケーキを何本か仕入れ，割引セールを行いました。この割引セールではロールケーキ1本あたりの値段を普段の20%引きにして売ったところ，この日の利益は8000円となりました。この日仕入れたロールケーキは何本ですか。この問題では消費税は考えないものとします。

令和四年度中学校第一回入学試験

国語解答用紙

一

問一

問二

問三

問四 ①

②

問五

問六

二

問一

問二 僕

大田

（配点非公表）

受験番号

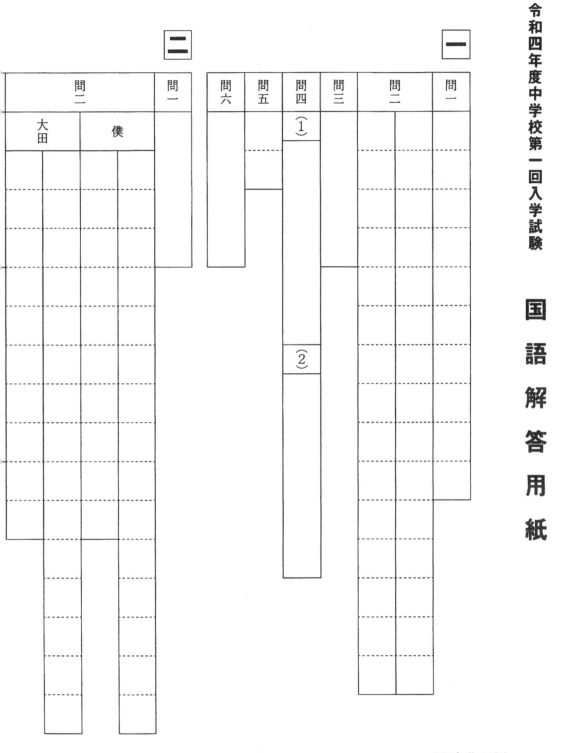

	(10)	

2	(1)	時間
	(2)	
	(3)	① 箱
		② クッキー 枚，ゼリー 個
	(4)	個
	(5)	（赤い紙）：（青い紙）＝ ：
	(6)	L
	(7)	分後
	(8)	本

4	(1)	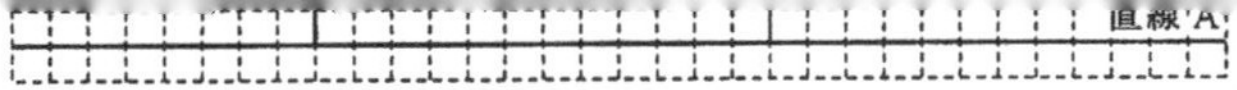 面積 cm^2
	(2)	秒間
	(3)	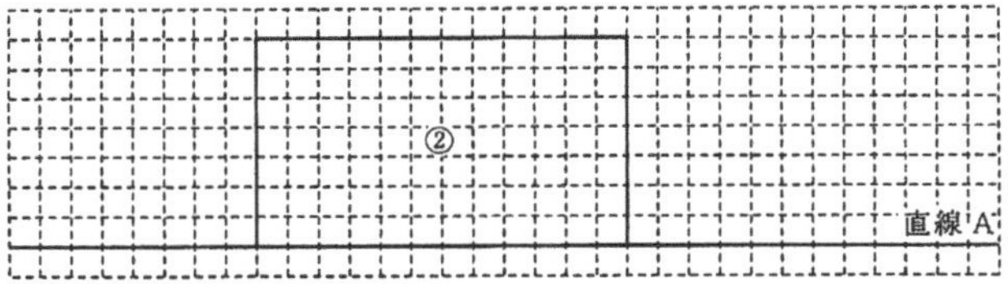 【求め方】 答え

令和４年度中学校第１回入学試験

算 数 解 答 用 紙

（配点非公表）

受 験 番 号

1	(1)	
	(2)	
	(3)	
	(4)	商： あまり：
	(5)	
	(6)	
	(7)	
	(8)	

3	(1)	(ア)	(イ)
	(2)	角ア 度	角イ 度
	(3)	周囲の長さ cm	面積 cm^2
	(4)	cm^3	
	(5)	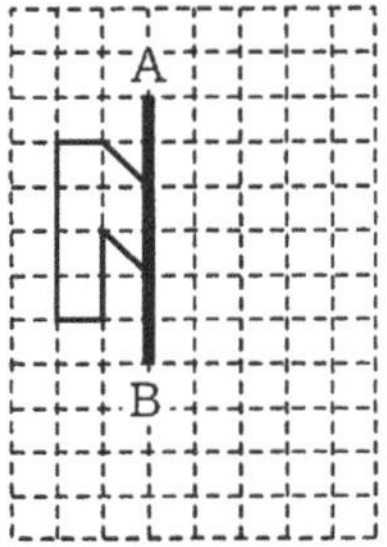	

【解答用

問四

問五

1

2

三

問一

問二

四

①

②

③

④

⑤

⑥

⑦

⑧

⑨

⑩

3 次の各問いに答えなさい。ただし，円周率は3.14とします。

(1) 次の展開図を組み立ててできる立体の名前を答えなさい。

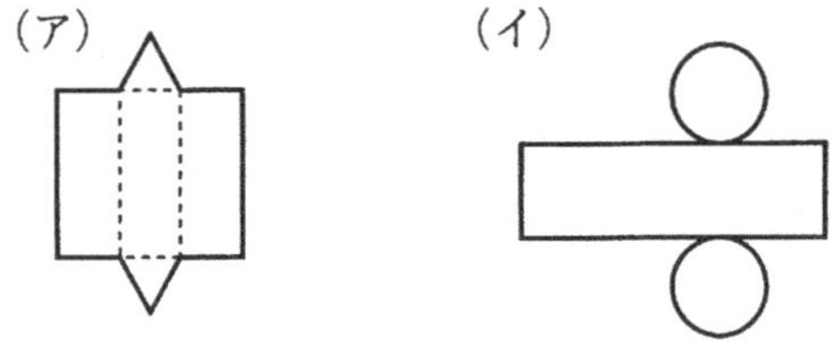

(2) 図１のような合同な二等辺三角形が２つあります。一方の二等辺三角形をかたむけて図２のようにするとき，アとイの角の大きさを求めなさい。

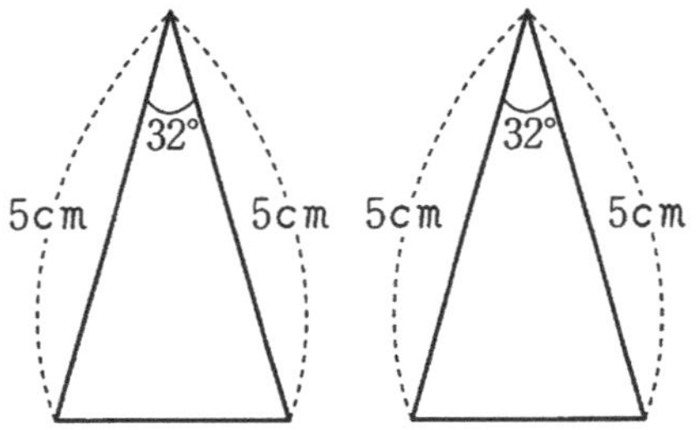

図１

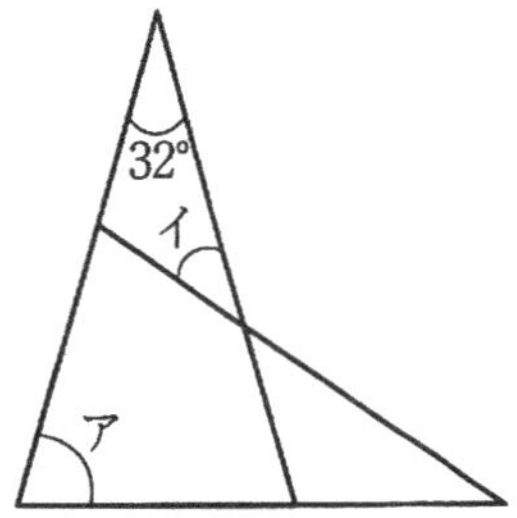

図２

(3) 下の平行四辺形で，かげのついている部分の周囲の長さと面積を求めなさい。四すみの白い部分は，すべて半径10cmのおうぎ形です。

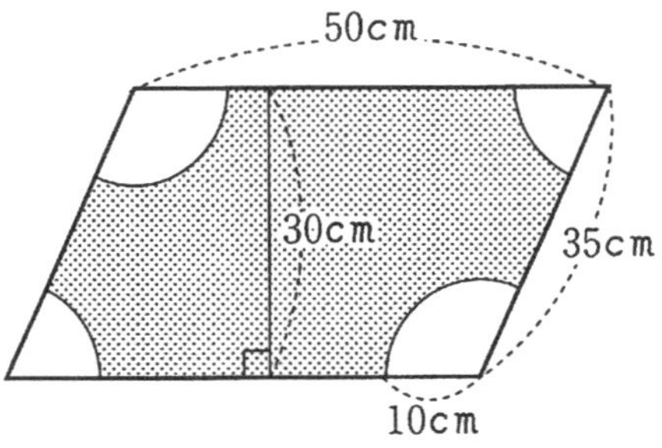

(4)　下の図は 1 辺の長さが 10cm の立方体から，2 つの直方体を切りとってできた立体です。この立体の体積を求めなさい。

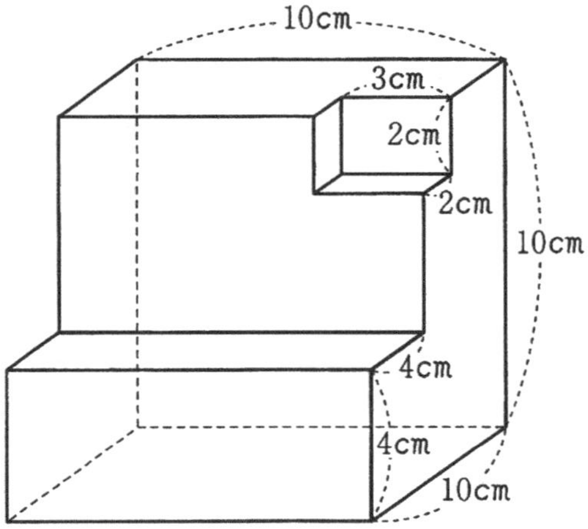

(5)　下の方眼紙にかかれた図について，直線 AB が対称の軸となるように，線対称な図形を解答用紙にかきなさい。

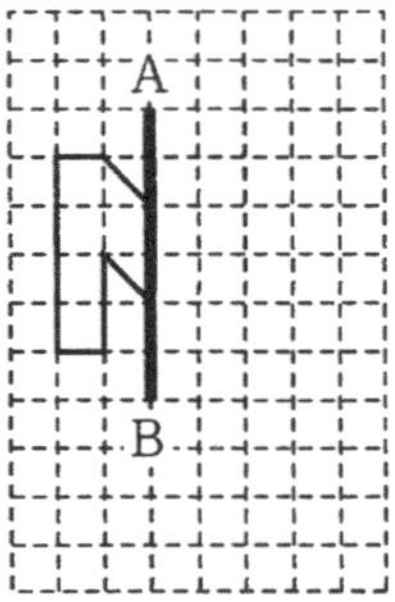

4　下の図のように，図形①と図形②が並んでいます。図形②を固定し，図形①を直線 A にそって矢印の方向に秒速 1cm の速さで動かします。このとき，次の問いに答えなさい。

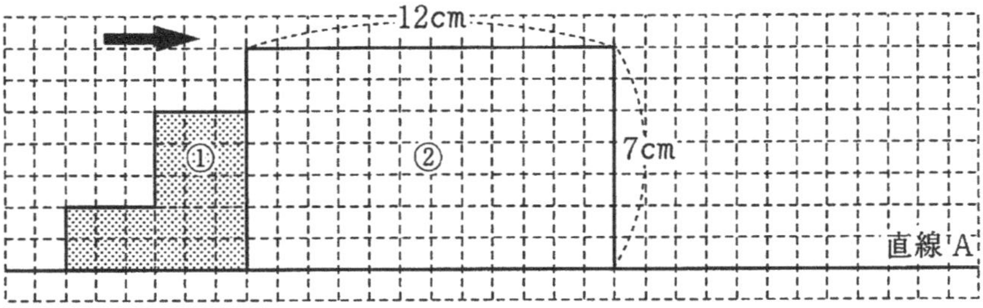

(1)　図形①が動き出してから 2 秒後のときの図形①の位置を解答用紙に図示しなさい。また，そのとき図形①と図形②が重なっている部分の面積を求めなさい。

(2)　図形①のすべてが図形②と重なっているのは何秒間ですか。

(3)　図形①と図形②が重なった部分の面積が $17cm^2$ となるのは，図形①が動き出してから何秒後か，すべて答えなさい。この問題は求め方も書きなさい。解答用紙の図は説明のために使ってもかまいません。

2022(R4) 新潟第一中
K 教英出版

令和３年度中学校第１回入学試験問題

国　語　A

（45分）

注意事項

1．「始め」の合図《あいず》があるまで、この問題を開かないでください。
2．この問題は、全部で９ページです。印刷のはっきりしないところがあれば、試験監督《かんとく》の先生に申し出てください。
3．受験番号は、この問題の表紙および別紙解答用紙の指定されたところに必ず記入してください。
4．解答は、すべて別紙解答用紙に記入してください。

新潟第一中学校

受験番号

一 **次の文章を読んで、後の問いに答えなさい。なお、一部の語にふりがなをつけています。**

このごろは*卒業論文を書かせる大学が少ない。まっとうな論文が書けないからである。普通《ふつう》の勉強ができても論文はどうもうまく書けないというのが多い。昔から、そうだったのだが、大学では卒業論文を書くという欧米《おうべい》の慣例にならって論文ならざる論文を書かせたのである。一種の*虚偽《きょぎ》である。

実際、論文を書くとなると、ふだんよく勉強し、本もよく読む学生がひどく苦労し、しかも、つまらない論文しか書けないことがしばしばである。それに引きかえ、まるで勉強をしない、知識も足りないような学生が（　　　　）びっくりするような論文を書くことがある。もちろん*箸《はし》にも棒にもかからぬことも少なくないが……。①どうして不勉強な学生が優等生顔まけの論文を書けるのか。突きつめて考えられることもなく、不思議がっているだけであった。

普通の勉強は本などによって習得したものである。覚えた知識は大事に保存するために記憶力《きおくりょく》がある。優秀《ゆうしゅう》な学生はたいてい記憶力がいい。それはいいが、知識が増えると、自分の頭で考えることが少なく、やがて考える力も弱くなる。知識があれば、万事うまくいく、と思っていると、考えることの出る幕がなくなり、ひどいのになると、知識さえあれば考える必要はないと誤解するまでになる。

論文を書くには、もちろん知識も大事だが、それだけではいけない。思考力が求められる。考えの足りない、あるいは、まったく考えていない論文は人から借りた知識を並べるだけになりやすい。本当の論文ではない。自分の頭を働かせなくてはならないが、知識がありあまるほどあると、考える余地がなくなる。②どうも知識と思考は仲がよくない。知識の豊富な人は思考が下手《へた》、思考力の高い人は、しばしば、知識習得が不得手《ふえて》なことが多い。

知識を増やすには、記憶しなくてはいけない。覚える片端《かたはし》から忘れるようでは知識は身につかない。ここで起こる*忘却《ぼうきゃく》はよくない忘却である。忘れないように心がける。学校では、忘れていないかどうか、チェックするためにテストを行い、点数をつける。忘れた分だけ減点される。なるべく忘れないようにと心がけるようになるのは当然である。このときの忘却は悪玉忘却で、勉強の敵である。

この悪玉忘却を目の敵にして抑《おさ》えていると、何でもかんでも無闇《むやみ》に覚えて、頭の中には*玉石混淆《ぎょくせきこんこう》、頭からあふれんばかりになる。そして新しいことを取り入れようという意欲を失わせる。頭はゴミでいっぱいになり、働けなくなってしまう。ゴミ出しをして、頭の中をきれいに整理する必要がある。そのとき、働くのも忘却であるが、先の悪玉忘却とは反対の善玉の忘却である。悪玉の忘却がいけないからといって善玉の忘却が停止したら異常が起こる。

*コレステロールはよくない。医学がそう言い出して、世間はコレステロールを悪もののように考えて、コレステロールはすべて健康によくないと教えてしまった。しかし、しばらくすると、コレステロールも必要で、すべてを悪玉と見るのは誤っている。体によくない悪玉コレステロールとは別に健康にとって不可欠な善玉コレステロールがあると言われるようになった。③一般《いっぱん》の人間は目を白黒させなければならなかった。それに似ているのが忘却で、やはり善玉と悪玉がある。

忘却はよろしくない。というのは悪玉忘却のことである。すべて忘却を抑えたら、とんでもないことになる。善玉忘却は歓迎《かんげい》すべきものである。そういうことは、しかし、悪玉コレステロールに対する善玉コレステロールがあるようにははっきり認知されていない。忘却に悪玉と善玉のあることすら、わかっていない。そのために、せっかくの頭を悪くしている人がどれだけいるかわからないように思われる。

（外山滋比古『考える力』）

（注）＊「卒業論文」……………学生が研究内容について卒業時に提出する論文。
＊「虚偽」………………真実でないこと。うそ。
＊「箸にも棒にもかからぬ」…ひどくて、どうにもならない。
＊「忘却」………………すっかり忘れ去ること。
＊「玉石混淆」……………良いものと悪いものが、区別なく入り交じること。
＊「コレステロール」………体内で作られる脂質《ししつ》の一種。

問一（　　）に入る最も適当な語を、次のア～エの中から選び、記号で答えなさい。

ア　すなわち　　イ　おそらく　　ウ　たとえば　　エ　かえって

問二　――線部①「どうして不勉強な学生が優等生顔まけの論文を書けるのか」とありますが、その理由について、筆者はどう考えていますか。本文中の言葉を使って説明しなさい。

問三　――線部②「どうも知識と思考は仲がよくない」とありますが、「仲がよくない」とはどういうことか。答えなさい。

問四　――線部③「一般の人間は目を白黒させなければならなかった」とありますが、それはなぜですか。本文中の言葉を使って説明しなさい。

問五　本文の内容として正しいものを、次のア～カの中から二つ選び、記号で答えなさい。

ア　優秀な学生は記憶力がいいので、知識に頼りがちになり、自分の頭で考えることが少なくなる。

イ　コレステロールは一般的に、善玉の方が体に良いとされているが、実は悪玉も体にとって必要不可欠である。

ウ　忘れてもよい知識と忘れてはいけない知識との違いは、自分にとって必要な知識かどうかである。

エ　何でもかんでも無闇に覚えようとすると、頭の中がいっぱいになり、うまく働かなくなるので、整理する必要がある。

オ　善玉忘却を抑え込んでしまうと、新しいことを取り入れることができなくなり、とんでもないことになる。

カ　学校で勉強したことを、なるべく忘れないようにと心がけるときの忘却は善玉忘却である。

二　次の文章は重松清《しげまつきよし》の小説「サマーキャンプへようこそ」の一節です。これを読んで、後の問いに答えなさい。なお、一部の語にふりがなをつけています。

パパにさそわれて、『わんぱく共和国』のサマーキャンプに参加した圭太《けいた》（ぼく）は、ターザンごっこの途中《とちゅう》、キャンプの経験がまったくないために、バーベキューの準備をしている他の父親たちに交ぜてもらえず、ひとりぼっちでいるパパの姿に気を取られ、ロープから落ちてしまった。

ケガといっても、たいしたことじゃない。地面に落ちるときに腰《こし》を打ち、てのひらを擦《す》りむいた、それだけだ。

でも、リッキーさんたちはあわてふためき、担架《たんか》でぼくをログハウスの宿直室に運び込《こ》んだ。レントゲンだの傷害保険だのといった言葉が、ドアの向こうから聞こえてくる。

いや、リッキーさんたちは、ぼくを心配しているだけじゃなかった。

「とにかく、参加しようとする意志が見られないんですよね。なにをやってもつまらなさそうな態度で、こっちが盛り上げようとしても、ぜんぜんノってこないんですから」

「はあ……どうも、すみません……」

パパの声が聞こえて、ぼくは体を起こした。腰がズキッと痛む。やっぱり、けっこう、ひどいケガなのかもしれない。

「シラけたポーズがカッコいいんだと思ってるのかもしれませんが、そんなのね、しょせん小学生が＊斜《しゃ》に構《かま》えてるだけなんですから、ぼくらから見るとあきれるしかないんですよ」

しょせん――とリッキーさんは言った。

①ふうん、とぼくは腰を手で押さえたまま、黙《だま》ってうなずいた。なるほどね、そうなんだ、ふうん。何度もうなずいた。終業式の日に通知表を渡されて、〈もっとがんばりましょう〉を見つけたときも、こんなふうにうなずいていたような気がする。

『わんぱく共和国』に来てからずっと感じていた嘘《うそ》っぽさは、やっぱり間違《まちが》ってなかった。リッキーさんが自分で種明かししてくれた。ぼくらはみんな「しょせん小学生」で、そんなぼくらに、あのひと、営業用スマイルでにこにこ笑ってたんだ。ぼくが営業用わんぱく少年にならなかったから、あんなにむかついてたんだ。

パパの返事は聞こえない。うつむいて黙りこくっているんだろうか。そんなの嫌《いや》だ。絶対に、嫌だ。

ぼくはベッドから降りて、ドアに耳をつけた。

「失礼ですが、圭太くん、東京でも友だちが少ないタイプじゃないんですか？　ちょっとね、学校でもあの調子でやってるんだとしたら、心配ですよねえ。お父さんも少し……」

言葉の途中で、大きな物音が響《ひび》いた。②机かなにかを思いきり叩《たた》いた、そんな音だった。

ぼくはドアをちょっとだけ開けた。正面はリッキーさんの背中、その脇《わき》から、机に両手をついて怖《こわ》い顔をしたパパの姿が見えた。

ケンカになるんだろうか、とドアノブに手をかけたまま身を縮《ちぢ》めた。

　でも、パパは静かに言った。

「圭太は、いい子です」

「いや……あの、ぼくらもですね、べつに……」

　リッキーさんの言い訳をさえぎって、「誰になんと言われようと、あの子は、いい子です」と、今度はちょっと強い声で。

　照れくさかった。嬉《うれ》しかった。でも、なんとなくかなしい気分にもなった。③「ありがとう」より「ごめんなさい」のほうをパパに言ってしまいそうな気がして、そんなのヘンだよと思って、「いい子」の意味がよくわからなくなって、困っていたら手に力が入ってドアノブが回ってしまった。

　ドアといっしょに前のめりになって出てきたぼくを見て、リッキーさんは、まるでゴキブリを見つけたときのパパみたいに「うわわわっ」とあとずさり、そばにいたジョーさんやリンダさんも驚《おどろ》いた顔になった。

　パパだけ、最初からぼくがそこにいるのを知っていたみたいに、肩から力を抜いて笑った。

「圭太、歩けるか？」

「……うん」

「帰ろう」

「うん！」

　リッキーさんは「ちょ、ちょっと待ってくださいよ、勝手な行動されると困るんですよ」と止めたけど、パパはその手を払《はら》いのけて、「*レッドカード、出してください」と言った。

『わんぱく共和国』から『そよかぜライン』に出るまでのデコボコ道を、パパの運転する*軽四は砂埃《すなぼこり》をまきあげながら走った。来たときと同じように小さな車体は揺《ゆ》れどおして、カーステレオの*ZARDの歌はしょっちゅう音が飛んでしまう。でも、お尻《しり》を下からつつかれる、痛いようなかゆいような感じが気持ちよかった。

「圭太、腰だいじょうぶか？　痛かったら、もっとゆっくり走るからな」

「だいじょうぶだいじょうぶ」

「どこかに病院あったら……痛っ！」

「パパ、しゃべんないほうがいいよ、舌嚙《か》んじゃうから」

「うん……そうだな、うん……」

　デコボコ道の途中で、陽が暮れた。ヘッドライトに照らされた森をぼんやり見ていると、ディズニーランドの*ジャングル・クルーズを思いだした。あのジャングル、マジ不気味だったよな、とも。

　ほんものを見てつくりものを思い出すのって、やっぱりひねくれてるのかな。*バーチャル・リアリティっていうんだっけ、ほんものよりつくりもののほうが、ほんものっぽい気がする、それってやっぱり間違ってるのかな。テレビゲームのせいなのかな。アニメや*CGがいけないのかな。よくわからないけど、しょうがないじゃん。

　横を向いたら、*サイドウインドウにぼくの顔がうっすら映っていた。「もやしっ子」でーす、としょぼくれた顔をつくってみた。「わんぱく」でーす、とほっぺたに力を入れてみた。どっちも簡単で、どっちも嘘っぽくて、④オトナってめっちゃ単純じゃーん、と笑った。

「おまえ、なに一人でにらめっこしてるんだ?」とパパが言った。

「べつに、なんでもない」

　顔のどこにも力を入れないと、いつものぼくになる。つまらなそうに見える、のかもしれない。*醒《さ》めた顔、なのかもしれない。これからもずっと、リッキーさんや松原先生みたいな単純なオトナには嫌《きら》われっぱなし、なのかもしれない。

　それで、べつにいいけど。かまわないけど。ぜんぜん気にならないし、ふうんそうなの、でいいんだけど。

「ねえ、パパ」窓に映るぼくを見たまま言った。「あのさ……」

「うん?」

「キャンプってさ、けっこう楽しかったよ、ほんとに」

「いいよいいよ、無理しなくて。悪かった、パパ反省してるんだ」

「違うって、ほんと、おもしろかったもん」

　やだな、いま、一瞬《いっしゅん》、泣きそうな声になった——と気づくと、喉《のど》が急にひくついて、まぶたが重くなった。

「パパにはわかんないかもしれないけど……楽しかったもん」

　ぼくはもう五年生なのに。ガキっぽいのって嫌いなのに。

　鼻の頭を手の甲でこすると、⑤ぐじゅぐじゅ濡《ぬ》れた音がした。

　パパは、カーステレオのボリュームを少し上げて、「そんなのわかってるよ」と言った。怒《おこ》った声だったけど、なんだか頭をなでてもらっているような気がして、まぶたがもっと重く、熱くなって、あとはもう、どうにもならなかった。

　パパは黙って車を運転した。ときどきぼくのほうを見て、何度かに一度はため息もついたけど、ずっと黙ってくれていた。

『そよかぜライン』をしばらく走って、展望台を兼ねた駐車場《ちゅうしゃじょう》で休憩《きゅうけい》した。

　車の中からだとわからなかったけど、外に出ると、月が頭上にあった。まん丸で、ちょっとレモン色がかったお月さまだった。車から降りて深呼吸すると、涼《すず》しさを通り越《こ》して寒いぐらいの風が胸いっぱいに流れ込んだ。

「ちょっと見てみろよ、圭太。すごい星だろ、こういうのを星降る夜空っていうんだよ」

　パパは*グリコのマークみたいに両手を大きく広げて、嬉しそうに言った。

　ぼくは自分の影《かげ》のおなかを軽く蹴《け》って、ゆうべと同じだ、腕《うで》を蚊《か》に刺《さ》されたふりをして、虫よけスプレーを取りに車に戻った。

　パパのリュックを探っていたら、仕事の書類の入っていたのとは別の内ポケットに、本の入っている手触《てざわ》りがあった。キャンプの夜、焚《た》き火とランタンの明かりで読書——*ロマンチストのパパの考えつきそうなことだ。

　泣いているのを見られたお返しにからかってみよう、とマジックテープをはずして本を出した。月明かりだけを頼《たよ》りに表紙のタイトルを読んだ。

『父から息子へ贈《おく》る50の格言』

マジ？　これ、マジなの？　大自然の中で親子でキャンプをして、息子にしみじみと人生を語るつもりだったってわけ？

いかにも、パパ。それが空振《からぶ》りに終わるところも、やっぱり、パパだ。笑った。笑えた。⑥この笑顔、ちょっと自信があったけど、車の外に出たら、パパは自動販売機《はんばいき》で飲み物を買っているところだった。ちぇっ、とうつむくと、夕立のあとで葉っぱから落ちる雨粒《あまつぶ》みたいに⑦涙《なみだ》がにじんだ。

（重松清「サマーキャンプへようこそ」『日曜日の夕刊』所収　新潮文庫刊）

（注）＊「斜に構えてる」……物事にきちんと向き合わず、からかいぎみな態度をとる。

＊「レッドカード」……相手に退場を命じるカード。

＊「軽四」……軽自動車の一種。

＊「ＺＡＲＤ」……一九九〇年代に流行していた音楽グループ。

＊「ジャングル・クルーズ」…東京ディズニーランドのアトラクションの一つ。

＊「バーチャル・リアリティ」…仮想現実。コンピューターを用いて、あたかも実物を見ているかのような体験をさせること。

＊「ＣＧ」……コンピューター・グラフィックスの略。コンピューターで図形や画像を作ること。

＊「サイドウインドウ」……車の側面の窓。

＊「醒めた顔」……冷静で、興味がうすい顔。

＊「グリコのマーク」……両手を高く上げ、片足を上げた、マラソンのゴールシーンのようなマーク。

＊「ロマンチスト」……夢や空想の世界にあこがれる人。

問一　――線部①「ふうん、とぼくは腰を手で押さえたまま、黙ってうなずいた」とありますが、ここで「ぼく」はどのようなことに気づきましたか。答えなさい。

問二　――線部②「机かなにかを思いきり叩いた、そんな音だった」とありますが、誰が、どうして机を叩いたと考えられますか。答えなさい。

問三　――線部③「『ありがとう』より『ごめんなさい』のほうをパパに言ってしまいそうな気がして」とありますが、ここでの「ありがとう」と「ごめんなさい」はそれぞれどのようなことに対して使われている言葉ですか。答えなさい。

問四　――線部④「オトナってめっちゃ単純じゃーん、と笑った」とありますが、ここでの圭太の気持ちとして最も適当なものを、次のア～エの中から選び、記号で答えなさい。

ア　自分の感情は必ず顔に出る、というわかりやすいうそをつくオトナにあきれている。

イ　顔の表情を変えれば自分の気持ちも変わる、と信じているオトナをうらめしく思っている。

ウ　わざと作った表情にだまされるオトナは、あつかいやすいと思っている。

エ　オトナになるには、相手に合わせて自分の気持ちを変えればいいのかと納得している。

問五　――線部⑤「ぐじゅぐじゅ濡れた音がした」とありますが、それはなぜですか。その理由として最も適当なものを、次のア～エの中から選び、記号で答えなさい。

ア　パパでさえ、自分のことを見ようとしてくれないのだと感じ、悲しくて泣きそうになったから。

イ　パパに、無理に楽しかったと言っているとかん違いされて、くやしくて泣きそうになったから。

ウ　パパが、ぼくのことをわかったふうな口をきいてきて、腹が立って泣きそうになったから。

エ　パパが、自分のことをなぐさめてくれているような気がして、うれしくて泣きそうになったから。

問六　――線部⑥「この笑顔、ちょっと自信があった」とありますが、ここでの圭太の自信とは、どのような自信ですか。答えなさい。

問七　――線部⑦「涙がにじんだ」とありますが、それはなぜですか。答えなさい。

三　次の１・２は、中学校の理科の教科書の一部です。これを読んで、後の問いに答えなさい。なお、出題の関係上、専門用語に解説・補足の注はつけていませんが、一部の語にふりがなをつけています。

１

酸素と結びつきやすい鉄の性質は、生命にとって重要です。血液のヘモグロビンは鉄分をふくんでいて、ここに酸素が結びついて体中に送り届けられます。そのほか、食べものと酸素からエネルギーをつくり出す過程でも、鉄は欠かせない役割《やくわり》を演じています。

鉄は磁石《じしゃく》にもなり、モーターや発電機はその性質を生かしたものです。ハードディスクはきわめて小さな磁石の集まりで、その向きによって情報を記録します。

鉄は、成分や製法によって性質を変え、欠点を補《おぎな》うことができます。炭素をわずかにふくむ鉄は「鋼《こう》」とよばれ、純粋《じゅんすい》な鉄よりかたく、じょうぶになります。また、鉄にいくつかの金属を混ぜ合わせたステンレス鋼《こう》はさびにくく、調理器具などに広く利用されています。

問一　「送り届けられます」とありますが、何が送り届けられるのですか。次から一つ選び、番号で答えなさい。

１　酸素　２　血液　３　ヘモグロビン　４　鉄分

問二　磁石にもなる鉄の性質を生かしてつくられた製品にはどのようなものがあると書かれていますか。すべて答えなさい。

２

地球ができた、今からおよそ四十六億年前、空気の成分のほとんどは二酸化炭素で、わずかに窒素《ちっそ》があるという状態でした。地球に大陸と海ができると、その海に二酸化炭素がどんどんとけこんでいき、空気中にいちばんたくさんある気体は、窒素になりました。

一方、海ではふえてきた二酸化炭素を吸収して酸素を放出する生物が現れました。酸素は水にとけにくいため、空気中に酸素がふえ、この酸素をもとにオゾン層《そう》ができました。

それまで陸上には、太陽から紫外線《しがいせん》という生物にとって有害な面をもつ光が届いていました。このため、生物は水中でしか生活ができませんでした。しかし、上空にあるオゾン層が紫外線をほとんど吸収《きゅうしゅう》してしまうので、生物は陸上でも生活できるようになったのです。

問三　オゾン層は、どのようにしてできましたか。解答らんに合うように、本文中の言葉をぬき出して答えなさい。

〔　　〕中で生物が放出した酸素が

〔　　〕中にふえたことによってできた。

問四　かつて水中でしか生活できなかった生物が、陸上でも生活できるようになったのはなぜですか。「有害」という言葉を入れて、答えなさい。

四

次の①～⑩の――線部のカタカナは漢字に直し、漢字はその読みをひらがなで答えなさい。

① 山道でラクセキ事故があった。

② 実家のギョギョウをつぐ。

③ 品質をホショウする。

④ 不用品をショブンする。

⑤ 家のモケイを作る。

⑥ 世界の童話を読む。

⑦ 徒競走で一位になる。

⑧ 畑に肥料をやる。

⑨ 衣類を上手に収納する。

⑩ 法の裁きを受ける。

余

白

令和３年度中学校第１回入学試験問題

国　　語　　B

（30分）

注意事項

1．「始め」の合図《あいず》があるまで、この問題を開かないでください。
2．この問題は、全部で２ページです。印刷のはっきりしないところがあれば、試験監督《かんとく》の先生に申し出てください。
3．受験番号は、この問題の表紙および別紙解答用紙の指定されたところに必ず記入してください。
4．解答は、すべて別紙解答用紙に記入してください。

受　験　番　号

K 教英出版

B問題　次の文章を読んで、後の問いに答えなさい。なお、一部の語にふりがなをつけています。

ひとりでなにかをするのって、怖《こわ》いし、恥《は》ずかしい。そんな風にぼくも思っていた。ひとりで電車に乗る、ひとりで映画に行く。みんな、ひとりでおそば屋さんに入れる？　大人になったなら別になんともないだろうけど、なんかできない。でも、友だちと一緒《いっしょ》ならば、怖くないし、恥ずかしくない。お昼ご飯だって、友だちとおしゃべりしながら楽しく食べる。反対に、おしゃべりできる友だちとじゃなくて、ひとりぼっちでお昼ご飯を食べるのは、友だちがいないと思われそうで、いやだ。そう思われるくらいなら、かくれて食べた方がましかもしれない。

それじゃ、友だちってなんだろう？

友情なんていう言葉もある。一緒にいて楽しくて、困ったときは助け合って、とても落ち着く。とても勇気づけられる。地震《じしん》や津波で困《こま》っている人を支援《しえん》しにいくのも、きっと友情のひとつだと思う。たぶん友だちっていうのは、生きている時間を一緒にいてくれる、自分以外の誰《だれ》かのことなのではないだろうか。一緒にいてくれるというところが、一番大事なんだ。けれど、世の中には「ひとりぼっち」だと感じて、孤独《こどく》に苦しむ人もいる。「孤立死《こりつし》」してしまう人さえいる。家族がいたり、友だちがいたり、そういう人たちと比べて、「ひとりぼっち」でいるのは悲しいことのように思えてしまう。しかし、ここで考えてほしい。「ひとりぼっち」って何？　世界の中でたったひとりでいること？　たったひとりで存在《そんざい》していること？　でも、そんなことはありえないのじゃないかな。

こんな風に考えたらどうかな。友だちと一緒にいることは自分以外の誰かと一緒にいるってことだとしても、一緒にいるというのは、なにも目の前にいることとは限らない。手紙を通じて、ビデオを通じて、写真を通じて、一緒にいることだってできる。想い出を通じて、あるいは独《ひと》り言《ごと》で呼びかけたり、想像をしたりしてだって、一緒にいることはできる。そもそも、ぼくたちは、誰だって親から生まれてきたのだし、誰かが作ったものを使って、誰かから学んだことに頼《たよ》って、生きている。誰かのおかげで生きている。その意味で、実はいつも誰かと一緒にいる。お椀《わん》を見る。それを作った人々がその後ろにいる。感じる気ならば、その作者のぬくもりをそこに感じ取ることがきっとできる。家族やペットが亡くなってしまっても、彼らを脳裏《のうり》に思い浮《う》かべると、一緒にいることができる。本を読んだり、町並《な》みを見たり、動物や虫や植物と触《ふ》れあったりするとき、そこにも一緒にいる誰か、つまり友だちを感じ取ることができる。いや、昔の自分だって、いまの自分とは相当に違《ちが》っているのならば、たぶん、自分以外の誰かみたいなもので、昔を思い起こして自分に呼《よ》びかけるとき、ぼくは昔の自分と一緒にいるんだ。こう考えたら、「ひとりぼっち」な人なんて本当は存在しない。友だちがいない人なんていない。それどころか、「ひとりぼっち」という捉《とら》え方それ自体が、実は誰かに教わったことなんだよ。そんな風に考えてみたらどうかな。

（一ノ瀬正樹『子どもの難問』）

この資料をもとに，〈曜日〉，〈時間帯〉，〈借りた人の学年〉，〈本の種類〉について，本を借りた人数を調べることにしました。

はじめに，4つの項目《こうもく》の1つ，〈曜日〉と本を借りた人数について「表」と「グラフ」をかいたら，下のようになりました。

表

曜日	本を借りた人数
月	5
火	8
水	6
木	5
金	4
計	28

グラフ

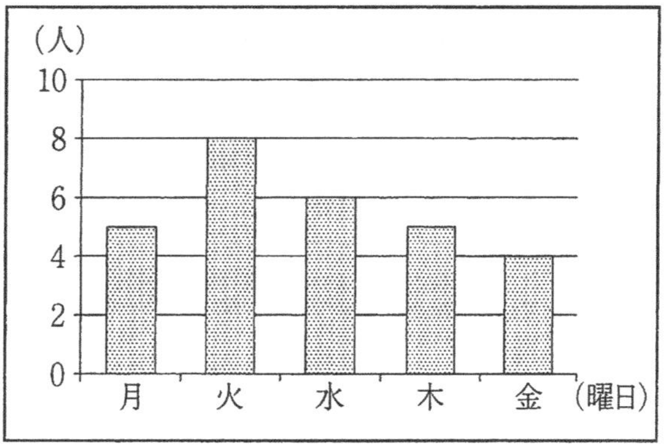

次の問いに答えなさい。

(1)　上の「表」や「グラフ」から，曜日と本を借りた人数のあいだにどのようなことがいえますか，解答らんに3つかきなさい。

(2)　4つの項目のうち〈曜日〉以外の，〈時間帯〉，〈借りた人の学年〉，〈本の種類〉の中から1つの項目を選んで，その項目と本を借りた人数について「表」と「グラフ」を解答らんにかきなさい。なお，選んだ項目については解答らんに⬭をつけなさい。

(3)　(2)でつくった「表」や「グラフ」から，どのようなことがいえますか。「表」や「グラフ」を見て，解答らんに自由にかきなさい。

問四

問五

問六

問七

三

問一

問二

問三

（　　　）中で生物が放出した酸素が（　　　）中にふえたことによってできた。

問四

四

①	②	③	④	⑤

⑥	⑦	⑧	⑨	⑩

（配点非公表）

令和３年度中学校第１回入学試験

算数Ａ解答用紙

受験番号

1	(1)		(2)	
	(3)		(4)	
	(5)		(6)	

	(1)		(2)	(Aの量)：(Bの量)＝　　：
	(3)	m	(4)	本

【解答用

答用紙

(配点非公表)

受　験　番　号

(2)		
(3)		

令和３年度中学校第１回入学試験

(配点非公表)

算 数 B 解 答 用 紙

受 験 番 号

(1)	●
	●
	●
	〈時間帯〉　〈借りた人の学年〉　〈本の種類〉
	表　　　グラフ

【解答用

令和三年度中学校第一回入学試験　国語　B

問一

問二

［　話しかける　・　話しかけない　］

	(6)	

3	(1)	アの角　　度	イの角　　度
	(2)	①周囲の長さ　　cm	面積　　cm²
		②周囲の長さ　　cm	面積　　cm²
	(3)	cm³	(4)　　cm³

令和三年度中学校第一回入学試験

国語A解答用紙

一

問一

問二

問三

問四

問五

二

問一

問二

ありがとう

（配点非公表）

受験番号

3　次の各問いに答えなさい。ただし，円周率は3.14とします。

(1)　次の図は，AB＝ACの二等辺三角形ABCと，それと合同なDE＝DCの二等辺三角形DECを重ねた図形です。アの角とイの角の大きさをそれぞれ求めなさい。

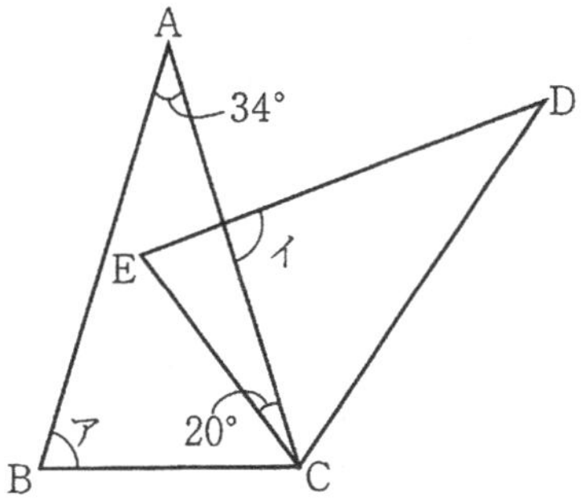

(2)　次の2つの図形について，それぞれの問いに答えなさい。ただし，曲線の部分は，すべて円または円の一部分です。

①　下の図形で，かげのついている部分の周囲の長さと面積を求めなさい。

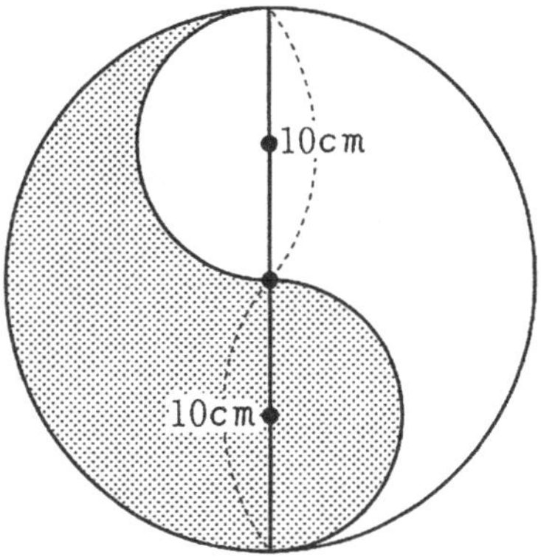

②　下の図形で，かげのついている部分の周囲の長さと面積を求めなさい。

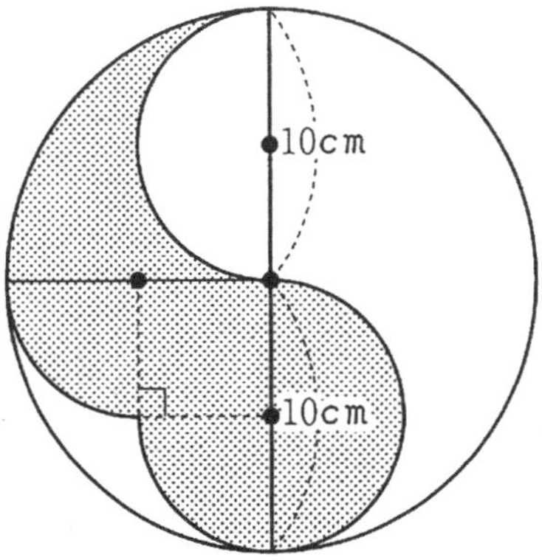

(3)　1辺が30cmの立方体の1つの面から，底面が1辺10cmの正方形で高さが30cmの直方体を図のようにくりぬきました。くりぬいて残った立体の体積を求めなさい。

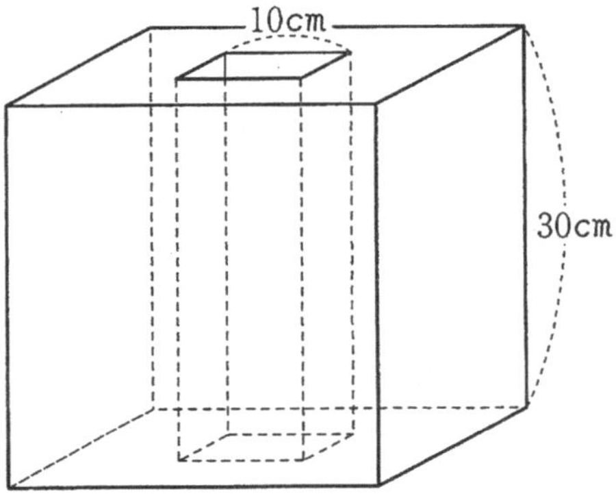

(4)　3辺の長さが10cm，10cm，30cmの直方体が2つあります。片方の直方体の一部をけずり，図1のようにすき間なく組み合わせて立体を作りました。図2と図3はこの立体をそれぞれ真上，真横から見た図です。この立体の体積を求めなさい。

図1

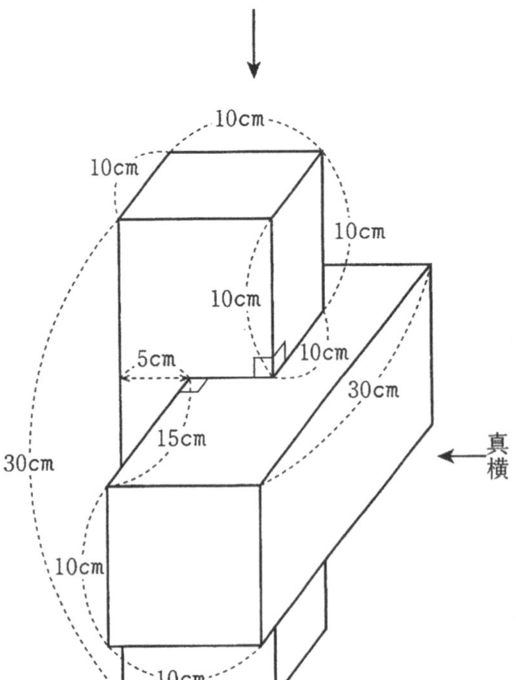

図2　真上から見た図

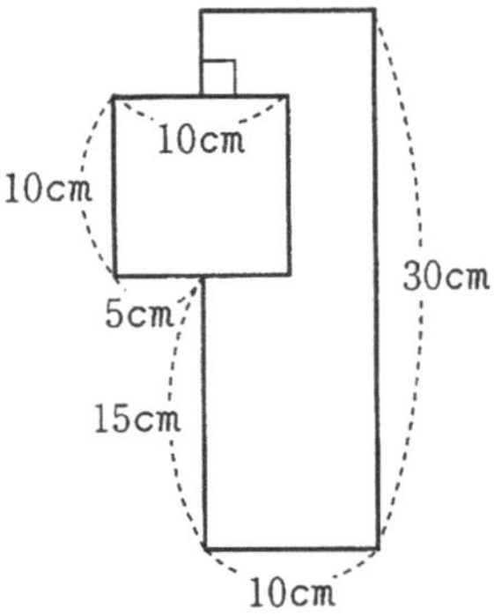

図3　真横から見た図

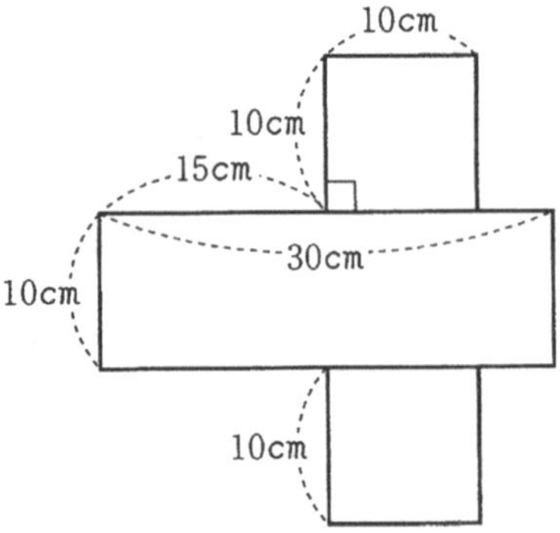

余　　白

令和３年度中学校第１回入学試験問題

算　数　A

（45分）

注意事項

１．「始め」の合図《あいず》があるまで、この問題を開かないでください。

２．この問題は、全部で５ページです。印刷のはっきりしていないところがあれば、試験監督《かんとく》の先生に申し出てください。

３．受験番号は、この問題の表紙および別紙解答用紙の指定されたところに必ず記入してください。

４．解答は、すべて別紙解答用紙に記入してください。

受　験　番　号

1 次の計算をしなさい。

(1) $8+3\times9-19$

(2) $2\times58-12\times9$

(3) $78\div(58+2\times23)$

(4) $2\frac{2}{3}-\frac{7}{12}+\frac{5}{6}$

(5) $1-\frac{1}{4}\times\left(1-\frac{1}{4}\right)$

(6) $2.7\times216-2.7\times8\div\frac{1}{2}$

2 次の各問いに答えなさい。

(1) 下の空らんには同じ数が入ります。空らんに入る数を求めなさい。

$$\left(96-\square\times\square\right)\times43=2021$$

(2) 2種類の液体A，Bがあり，AとBを1：1の割合で混ぜた液体Cが3000mLと，AとBを2：3の割合で混ぜた液体Dが1500mLあります。液体Cと液体Dをすべて混ぜたとき，その液体にふくまれるAの量とBの量の比を，最も簡単な整数の比で求めなさい。

(3) ひろとさんとあおいさんは，100m競争をしました。ひろとさんは14秒，あおいさんは16秒でゴールしました。ひろとさんがゴールしたとき，あおいさんはゴール手前何mのところを走っていたか求めなさい。ただし，2人の走る速さはそれぞれ一定とします。

(4)　けんいちさんはあるお店で1本80円のえんぴつと1本120円のボールペンをそれぞれ何本か買いました。ボールペンの本数はえんぴつの本数より3本多く，代金の合計は2760円でした。けんいちさんが買ったボールペンの本数を求めなさい。

(5)　はるなさんは友だちにみかんを配ることにしました。ひとりに3個ずつ配るとみかんは13個あまり，ひとりに5個ずつ配ると3個あまりました。このとき，友だちの人数とみかんの個数をそれぞれ求めなさい。

(6)　2000円で仕入れた品物に□%の利益を見こんで値段をつけましたが，売れなかったのでその値段の30%引きの値段で売ったところ30円の利益が出ました。

□に入る数を求めなさい。

令和３年度中学校第１回入学試験問題

算　数　B

（30分）

注意事項

1．「始め」の合図《あいず》があるまで、この問題を開かないでください。

2．この問題は、全部で２ページです。印刷のはっきりしていないところがあれば、試験監督《かんとく》の先生に申し出てください。

3．受験番号は、この問題の表紙および別紙解答用紙の指定されたところに必ず記入してください。

4．<u>解答は、すべて別紙解答用紙に記入してください。</u>

受　験　番　号

次の資料は，A小学校の図書館で，ある1週間の本の貸し出しの様子を記録したものです。

【注意】

〈時間帯〉のなかで「始業前」とは1時間目が始まるまでの時間のことです。

また，「業間休み」とは2～3時間目の少し長めの休み時間のことです。

本の貸し出しの様子

〈曜日〉	〈時　間　帯〉	〈借りた人の学年〉	〈本の種類〉
月	昼休み	4	文学
月	業間休み	1	文学
月	始業前	3	文学
月	昼休み	6	科学
月	昼休み	3	文学
火	昼休み	4	文学
火	放課後	2	文学
火	放課後	5	文学
火	昼休み	4	社会
火	昼休み	3	社会
火	昼休み	2	科学
火	昼休み	4	産業
火	放課後	4	文学
水	業間休み	1	科学
水	昼休み	3	文学
水	業間休み	3	社会
水	昼休み	5	産業
水	放課後	5	社会
水	始業前	6	科学
木	昼休み	1	文学
木	業間休み	3	文学
木	始業前	6	文学
木	昼休み	4	産業
木	放課後	5	芸術
金	放課後	2	科学
金	始業前	6	芸術
金	放課後	4	文学
金	昼休み	4	社会

問一　筆者の一ノ瀬さんは、「ひとりぼっち」な人なんて本当は存在しないと言っていますが、その理由を説明しなさい。

問二　同じクラスの人で、昼休みの教室で、いつも一人読書をしている人がいたとします。もし、あなたがその場にいたら、話しかけますか、話しかけませんか。解答らんのどちらか一方に丸をつけ、理由もふくめて答えなさい。

令和２年度中学校第１回入学試験問題

国　　語　　A

（45分）

注意事項

1．「始め」の合図《あいず》があるまで、この問題を開かないでください。
2．この問題は、全部で８ページです。印刷のはっきりしていないところがあれば、試験監督《かんとく》の先生に申し出てください。
3．受験番号は、この問題の表紙および別紙解答用紙の指定されたところに必ず記入してください。
4．解答は、すべて別紙解答用紙に記入してください。

新潟第一中学校

受　験　番　号

一

次の文章を読んで、後の問いに答えなさい。

著作権に関係する弊社の都合により
本文は省略いたします。

教英出版編集部

著作権に関係する弊社の都合により
本文は省略いたします。

教英出版編集部

著作権に関係する弊社の都合により
本文は省略いたします。

教英出版編集部

（西江雅之『新「ことば」の課外授業』）

（注）＊「母語」………その人が、母親など身近な人々から自然に習い覚えた言語。

問一 [1] に入る言葉として最も適当なものを、次のア～エの中から選び、記号で答えなさい。

ア 文明　イ 性質　ウ 文化　エ 風俗

問二 [2] に入る、最も適当な漢字二字の言葉を本文中からぬき出して答えなさい。

問三 ――線部①「状況依存型」の言語とは、どういう言語のことをいうのですか。本文中の言葉を使って説明しなさい。

問四 ――線部②「額面通り」の意味として最も適当なものを、次のア～エの中から選び、記号で答えなさい。

ア 表面にあらわれた意味どおり
イ 裏にある意味まで説明するよう
ウ その場の様子を読み取るよう
エ 難解な内容まで思ったとおり

問五 ――線部③で、「日本語で言ったら、すごくキザになってしまいますよね」とありますが、それはなぜですか。本文中の言葉を使って説明しなさい。

問六 ――線部④「自分たちの言いたいことを、どのように表現しているか、ということにも留意する必要が出てくるはずです」とありますが、それはなぜですか。その理由として最も適当なものを、次のア～エの中から選び、記号で答えなさい。

ア 外国語は、単語や文法の基本的な形よりも、どのように表現しているのかを理解する方が大事だから。
イ 外国語は、その言語が母語でない人々にとって、どのように表現しているかを理解することは難しいから。
ウ さまざまな言語の中には、母語か外国語かで言いたいことがまったく違うことがあるから。
エ 言葉の表面的な意味をとらえただけでは、本当にその外国語を理解したことにならないから。

二 **次の文章は新美南吉の小説「小さい太郎の悲しみ」の一節です。これを読んで、後の問いに答えなさい。なお、一部の語にふりがなと注釈《ちゅうしゃく》をつけています。**

> 太郎《たろう》は、花畑から飛んできたかぶと虫を捕《つか》まえた。かぶと虫の面白《おもしろ》い遊び方をだれかに教えてもらおうと、太郎は麦わら帽子《ぼうし》をかぶって出かけて行く。

ひるはたいそうしずかで、どこかで*むしろをはたく音がしているだけでした。

小さい太郎《たろう》は、いちばんはじめに、いちばん近くの、桑畑《くわばたけ》の中の金平《きんぺい》ちゃんの家へゆきました。金平《きんぺい》ちゃんの家には七面鳥を二羽《わ》飼《か》っていて、どうかすると、庭に出してあることがありました。小さい太郎《たろう》はそれがこわいので、庭まではいってゆかないで、*いけがきのこちらからなかをのぞきながら、

「金平《きんぺい》ちゃん、金平《きんぺい》ちゃん」

①と小さい声で呼びました。金平《きんぺい》ちゃんにだけ聞《きこ》えればよかったからです。七面鳥にまで聞えなくてもよかったからです。

なかなか金平《きんぺい》ちゃんに聞えないので、小さい太郎《たろう》はなんどもくりかえして呼ばねばなりませんでした。

そのうちに、とうとううちの中から、

「金平《きんぺい》はのオ」

と返事がして来ました。金平《きんぺい》ちゃんのお父《とう》さんの眠《ねむ》そうな声でした。

「金平《きんぺい》は、よんべから腹《はら》が痛《いと》うてのオ、寝《ね》ておるだで、今日《きょう》はいっしょに遊べんぜエ」

「ふウん」

と聞えないくらいかすかに鼻の中でいって、小さい太郎《たろう》はいけがきをはなれました。

ちょっとがっかりしました。

でも、またあしたになって、金平《きんぺい》ちゃんのお腹《なか》がなおれば、いっしょに遊べるからいいと思いました。

こんどは小さい太郎《たろう》は一つ年上の恭一《きょういち》君の家にゆくことにしました。

恭一《きょういち》君の家は小さい百姓家《ひゃくしょうや》でしたが、まわりに、松や椿《つばき》や柿《かき》や橡《とち》などいろんな木がいっぱいありました。恭一《きょういち》君は木登りが上手でよくその木にのぼっていて、うかうかと知らずに下を通ったりすると、椿《つばき》の実を頭の上に落《お》してよこして、おどろかすことがありました。また木にのぼっていないときでも恭一《きょういち》君はよく、ものかげや、うしろから、わっといってびっくりさせるのでした。ですから小さい太郎《たろう》は、恭一《きょういち》君の家の近くに来ると、もう油断《ゆだん》ができないのです。上下左右、うしろにまで気をつけながら、②そろりそろりとすすんでゆきます。

ところがきょうは、どの木にも恭一《きょういち》君はのぼっていません。どこからも、わっといってあらわれて来ません。

「恭一《きょういち》はな」と、鶏《にわとり》に餌《えさ》をやりに出て来た小母《おば》さんが、きかしてく

れました。「ちょっとわけがあってな、三河《みかわ》の親類へ昨日《きのう》、あずけただがな」
「ふウん」
と小さい太郎《たろう》は聞えるか聞えないかくらいに鼻の中でいいました。
なんということでしょう！　なかのよかった恭一《きょういち》君が、海の向こうの三河《みかわ》の或《あ》る村にもらわれて行ってしまったというのです。
「そいで、もう、もどって来やしん？」
と、せきこんで小さい太郎《たろう》はききました。
「そや、また、いつか来るだらあずに」
「いつ？」
「盆《ぼん》や正月にゃ来るだらあずにな」
「ほんとだね、おばさん、盆《ぼん》と正月にゃもどって来るね」
　小さい太郎《たろう》はのぞみを失いませんでした。盆《ぼん》にはまた恭一《きょういち》君と遊べるのです。正月にも。

　かぶと虫を持った小さい太郎《たろう》は、こんどは細い坂道をのぼって大きい通りの方へ出てゆきました。
　＊車大工《くるまだいく》さんの家は大きい通りにそってありました。そこの家の安雄《やすお》さんは、もう＊青年学校にいっているような大きい人です。けれどいつも小さい太郎《たろう》たちのよい友達でした。＊陣《じん》とりをするときでも、かくれんぼをするときでも、いっしょに遊ぶのです。③安雄《やすお》さんは小さい友達からとくべつにそんけいされていました。それは、どんな木の葉、草の葉でも、安雄さんの手でくるくるとまかれ、安雄《やすお》さんのくちびるにあてると、ぴいと鳴ることができたからです。また安雄《やすお》さんはどんなつまらないものでも、ちょっと細工をして、面白《おもしろ》いおもちゃにすることができたからです。
　車大工さんの家に近づくにつれて、小さい太郎《たろう》の胸《むね》は、わくわくして来ました。安雄《やすお》さんがかぶと虫で、どんな面白《おもしろ》いことを考え出してくれるか、と思ったからです。
　ちょうど、小さい太郎《たろう》のあごのところまである＊格子《こうし》に、くびだけのせて、仕事場の中をのぞくと、安雄《やすお》さんはおりました。小父《おじ》さんと二人で、仕事場の隅《すみ》の砥石《といし》でかんなの刃《は》を研《と》いでいました。よく見るときょうは、ちゃんと仕事着をきて、黒い＊前垂《まえだ》れをかけています。
「そういうふうに力を入れるんじゃねえといったら、わからん奴《やつ》だな」
と小父《おじ》さんがぶつくさいいました。安雄《やすお》さんは刃《は》の研《と》ぎ方を小父《おじ》さんに教わっているらしいのです。顔をまっかにして一生けんめいにやっています。それで、小さい太郎《たろう》の方をいつまで待っても見てくれません。
　とうとう小さい太郎《たろう》はしびれを切らして、
「安《やす》さん、安《やす》さん」
と小さい声で呼びました。安雄《やすお》さんにだけ聞えればよかったのです。
　しかし、こんなせまいところではそういうわけにはいきません。小父《おじ》さんが＊ききとがめました。小父《おじ》さんは、いつもは子供《こども》にむだ口なんかきいてくれるいい人ですが、きょうは、何かほかのことで腹《はら》

を立てていたと見えて、太い眉根《まゆね》をぴくぴくと動かしながら、

「うちの安雄《やすお》はな、もう今日《きょう》から、一人前《いちにんまえ》の大人《おとな》になったでな、子供《こども》とは遊ばんでな、子供《こども》は子供《こども》と遊ぶがええぞや」

と、つっぱなすようにいいました。

すると安雄《やすお》さんが小さい太郎《たろう》の方を見て、しかたないように、かすかに笑いました。そしてまたすぐ、じぶんの手先に熱心な眼《め》をむけました。

虫が枝から落ちるように、力なく小さい太郎《たろう》は格子《こうし》からはなれました。

そしてぶらぶらと歩いてゆきました。

④小さい太郎《たろう》の胸《むね》にふかい悲しみがわきあがりました。安雄《やすお》さんはもう小さい太郎《たろう》のそばに帰っては来ないのです。もういっしょに遊ぶことはないのです。お腹《なか》が痛《いた》いなら明日《あした》になればなおるでしょう。三河《みかわ》にもらわれていったって、いつかまた帰って来ることもあるでしょう。しかし大人の世界にはいった人がもう子供の世界に帰って来ることはないのです。

安雄《やすお》さんは遠くに行きはしません。同じ村の、じき近くにいます。しかし、きょうから、安雄《やすお》さんと小さい太郎《たろう》はべつの世界にいるのです。いっしょに遊ぶことはないのです。

もう、ここには何にものぞみがのこされていませんでした。小さい太郎《たろう》の胸《むね》には悲しみが空のようにひろくふかくうつろにひろがりました。

或《あ》る悲しみは泣《な》くことができます。泣《な》いて消すことができます。

しかし或《あ》る悲しみは泣《な》くことができません。泣《な》いたって、どうしたって消すことはできないのです。⑤いま、小さい太郎《たろう》の胸《むね》にひろがった悲しみは泣《な》くことのできない悲しみでした。

そこで小さい太郎《たろう》は、西の山の上に一つきり、ぽかんとある、ふちの赤い雲を、まぶしいものをみるように、眉《まゆ》を少ししかめながら長い間みているだけでした。かぶと虫がいつか指からすりぬけて、逃げてしまったのにも気づかないで――

（注）＊「むしろ」……………しきものの一種。

＊「いけがき」…………樹木を植えならべてつくった囲い。

＊「車大工」……………車輪や荷車の製造・修理を行う職人。

＊「青年学校」…………昔の教育制度にあった学校の一種。小学校を卒業した後に通う学校。

＊「陣とり」……………子供の遊びの一種。

＊「格子」………………格子戸の略。戸の一種。

＊「前垂れ」……………着物の汚《よご》れを防ぐため、体の全面にあてて用いる布。エプロンのようなもの。

＊「ききとがめる」……ある言葉や声を聞き、必要以上に責め立てる。

問一　――線部①「小さい声で呼びました」、――線部②「そろりそろりとすすんでゆきます」とありますが、「小さい太郎」がこのような行動をとったのはなぜですか。次の文の空らんに当てはまる言葉を入れなさい。

「小さい声」で呼んだのは、［　①　］からで、「そろりそろりと」進んだのは、［　②　］から。

問二　――線部③「安雄さんは小さい友達からとくべつにそんけいされていました」とありますが、「小さい太郎」にとって「安雄さん」はどのような存在でしたか。最も適当なものを次のア～エの中から選び、記号で答えなさい。

ア　常に自分達の一歩先を行きながら、自分達を引っ張ってくれている、逆らえない先輩《せんぱい》。

イ　一緒になって遊んだり、いろいろ面白いことを考え出してくれたりする、よい友達。

ウ　面倒《めんどう》見がよく、自分達に危ないことがないよう一緒に遊んでくれる、兄のような人。

エ　年の差を感じさせず、どんなときも一緒に楽しく遊ぶことができる、対等な仲間。

問三　――線部④「安雄さんはもう小さい太郎のそばに帰っては来ないのです」とありますが、「小さい太郎」が「安雄さんはもう小さい太郎のそばに帰っては来ない」ということを思い知ったのは、「安雄さん」のどのような行動からですか。その行動が書かれている連続する二文の、最初の五字を答えなさい。

問四　――線部⑤「いま、小さい太郎の胸にひろがった悲しみは泣くことのできない悲しみでした」とありますが、この文章における「泣くことのできない悲しみ」とはどのような悲しみですか。最も適当なものを次のア～エの中から選び、記号で答えなさい。

ア　友の成長という避《さ》けられない変化によって生じる悲しみ。

イ　仲の良かった友人に嫌《きら》われてしまうことで生じる悲しみ。

ウ　大切な人に二度と会えなくなることによって生じる悲しみ。

エ　泣いても消せないことを強く実感することで生じる悲しみ。

問五　この作品は「小さい太郎」と「安雄さん」の別れをえがいており、「安雄さん」が「小さい太郎」のそばからいなくなってしまったことについて、別のものを使って暗示している部分があります。その部分を二十四字で見つけ、ぬき出して答えなさい（句読点や記号は一字として数えます）。

問六　「小さい太郎」は「金平ちゃん」、「恭一君」、「安雄さん」を遊びにさそいましたが、結局だれとも遊ぶことができませんでした。「小さい太郎」は三人と遊べなかったことについて、それぞれどのような気持ちになっていましたか。そのような気持ちになった理由がわかるように、「（　　）ので、（　　）。」という形で答えなさい。

三

次の1～4の文章は、中学校の社会と理科の教科書の一部です。各文を読んで、後の問いに答えなさい。

1

オーストラリア大陸の内陸部では降水量がきわめて少なく、草原や砂漠《さばく》になっています。このため人口のほとんどは、比較《ひかく》的《てき》降水量が多く農業のさかんな南東部・南西部に集中しています。ニュージーランドの気候は、オーストラリアの南東部と似ています。しかし、火山や氷河があることはオーストラリアとの大きな違いです。

問一　ニュージーランドの特色として正しいものを次のA・Bから選び、記号で答えなさい。

A　降水量がきわめて少なく、草原や砂漠がある。

B　降水量が比較的多く、火山や氷河がある。

2

平野は、川が山間部から出て来たところにできる扇状地《せんじょうち》、河口にできる三角州などに分けることができます。扇状地の中央部はつぶの大きい砂や石からできていて水が地下にしみこみやすいので果樹園などに利用されています。また、扇状地の末端《まったん》には水がわくため、昔から集落がつくられてきました。三角州は、つぶの小さい砂や泥《どろ》からできていて水が地下にしみこみにくいため、多くは水田として利用されています。また、川や海沿いの平地よりも一段高い土地を台地とよびます。台地の多くは畑や住宅地などに利用されています。

問二　三角州の多くが水田に利用されるのはなぜですか、答えなさい。

3

高気圧は中心部の方が周辺より気圧が高いので、中心部から周辺へ向かって風がふく。低気圧は周辺の方が中心部より気圧が高いので、周辺から中心部へ向かって風がふく。また、等圧線の間隔《かんかく》がせまいところは、気圧の変化が急なので、強い風がふく。高気圧の中心部では、空気は地上に向かって移動する。低気圧の中心部では、空気は上空に向かって移動し、雲が発生することが多い。大気はこのように地表面と上空を循環《じゅんかん》している。

問三　低気圧の特色を答えなさい。

4

地球よりも内側を公転する金星は、地球から見ると、いつも太陽に近い方向にあるので、朝夕の限られた時間にしか観察できない。また、公転により金星と地球の距離《きょり》が変化するため、地球から見た金星の大きさは変化するとともに、金星は、太陽の光を反射して光って見えるので、月と同じように満ち欠けする。そのため、金星が地球から近いときには、大きく見えて欠け方が大きく、遠いときには、小さく見えて欠け方が小さい。

問四　地球から見たときの、金星の見え方が一定でないのはなぜですか、答えなさい。

四　**次の①〜⑩の――線部のカタカナは漢字に直し、漢字はその読みをひらがなで答えなさい。**

① 今日はとてもサムい日だ。
② 体力の限界をタメす。
③ 人工エイセイを打ち上げる。
④ リンジの職員会議がある。
⑤ なくした本をサガす。
⑥ 部屋の温度を上げる。
⑦ 回復の兆しがみられる。
⑧ 快く引き受けた。
⑨ 責任のある仕事に就く。
⑩ 賃貸のマンション。

余白

余

白

令和２年度中学校第１回入学試験問題

算　数　A

（45分）

注意事項

1．「始め」の合図《あいず》があるまで、この問題を開かないでください。

2．この問題は、全部で５ページです。印刷のはっきりしていないところがあれば、試験監督《かんとく》の先生に申し出てください。

3．受験番号は、この問題の表紙および別紙解答用紙の指定されたところに必ず記入してください。

4．解答は、すべて別紙解答用紙に記入してください。

受　験　番　号

1 次の計算をしなさい。

(1) $14-10\div 2$

(2) $72\div 8+12\times 3$

(3) $(43-15)\div(3\times 4+2)$

(4) $\left(\frac{1}{2}-\frac{1}{3}+1\frac{1}{6}\right)\times\frac{3}{4}$

(5) $0.65\times 8-0.35\times 3-0.35\times 7+0.65\times 2$

(6) $\left(1\frac{1}{2}+\frac{2}{3}\right)\times\frac{2}{39}+\frac{2}{15}\div 0.6$

2 次の各問いに答えなさい。

(1) ある数を3倍した数から12を引き，4で割ると24になる。ある数を求めなさい。

(2) 定価1250円の商品が20％引きで売られていました。この売値から5％引きで買いました。買った値段はいくらですか。

(3) ある本を1日目に全体の$\frac{2}{5}$を読み，2日目に76ページ読むと残りのページ数は全体の$\frac{1}{3}$となりました。この本の全体のページ数は何ページですか。

(4)　太郎さんは，かげの長さを利用して，木の高さをはかりました。60cm の棒をまっすぐ立てたらかげの長さが 80cm でした。木のかげが 6.2m のとき，この木の高さを求めなさい。

(5)　2020 時間は ア□ 日と イ□ 時間である。
□ に入る数字を答えなさい。ただし，イは 24 より小さい数とします。

(6)　片道 16km の道のりを往復します。行きは時速 12km で，帰りは時速 8km で走ります。往復するのに何時間何分かかりますか。

(7)　$\frac{13}{37}$ を小数で表したとき，小数第 100 位の数字を答えなさい。

令和二年度中学校第一回入学試験

国語A解答用紙

一

問一

問二

問三

問四

問五

問六

二

問一

「小さい声」で呼んだのは、① からで、

「そろりそろりと」進んだのは、② から。

問二

問三

問四

（配点非公表）

受験番号

	(5)	ア	イ	
	(6)	時間　分	(7)	

3	(1)	度	(2)	m^2	
	(3)	① 面積　cm^2	体積　cm^3	②	cm^3

(配点非公表)

令和２年度中学校第１回入学試験

算数Ａ解答用紙

受験番号

1	(1)		(2)	
	(3)		(4)	
	(5)		(6)	

	(1)		(2)	円
	(3)	ページ	(4)	cm

【解答用

問六

金平ちゃん	恭一君	安雄さん

三

問一	問二	問三	問四

四

①	②	③	④	⑤
い	す	人工		す

⑥	⑦	⑧	⑨	⑩
	し	く	く	

3 次の各問いに答えなさい。ただし，円周率は3.14とします。

(1) 次の図で，角アの大きさを求めなさい。

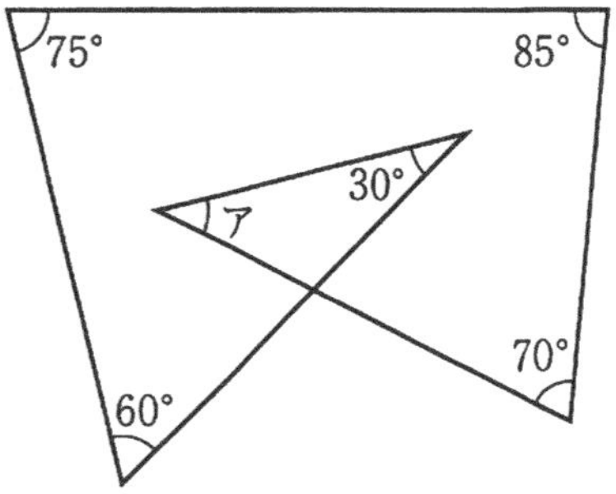

(2) 下の図のように，馬が壁《かべ》の角《かど》に長さ 20 m のロープにつながれています。壁は，はさむ角度が 90°で，たて 15 m，横 25 m です。馬が行動できるすべての範囲の面積を求めなさい。ただし，壁の厚さと馬の大きさは考えないものとします。

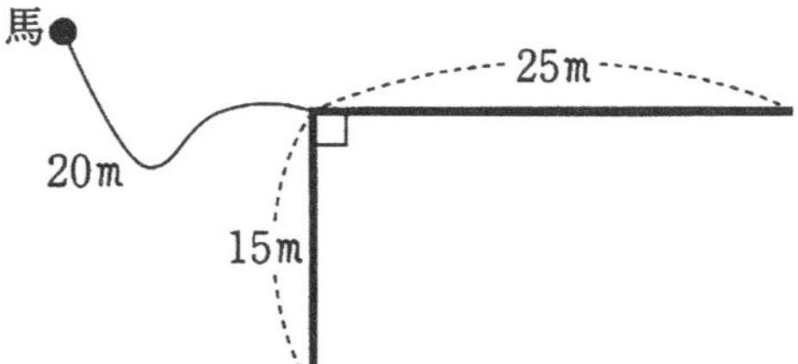

(3)　下の図で，図１は直方体を１つの平面で切り取ってできた立体です。底面は１辺の長さが 20cm の正方形です。図２は，図１の立体から底面の半径が 10cm の円柱でくりぬいてできた立体です。

図１

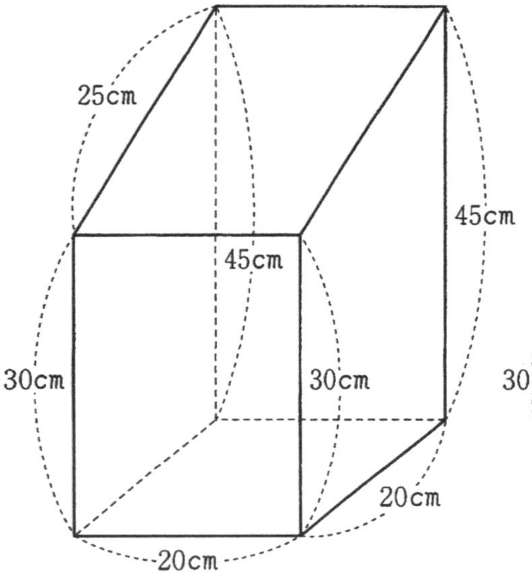

図２

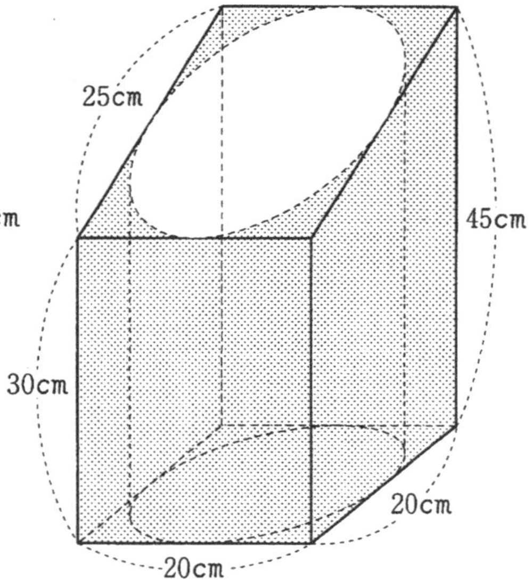

①　図１の立体の展開図《てんかいず》の面積を求めなさい。また体積を求めなさい。

②　図２の立体の体積を求めなさい。

余　　白

2020(R2) 新潟第一中　A
K 教英出版

令和２年度中学校第１回入学試験問題

国　　語　　B

（30分）

注意事項

1．「始め」の合図《あいず》があるまで、この問題を開かないでください。
2．この問題は、全部で２ページです。印刷のはっきりしていないところがあれば、試験監督《かんとく》の先生に申し出てください。
3．受験番号は、この問題の表紙および別紙解答用紙の指定されたところに必ず記入してください。
4．解答は、すべて別紙解答用紙に記入してください。

新潟第一中学校

受　験　番　号

K 教英出版

次の文章は、外山滋比古《しげひこ》の「考える力」の一部です。これを読んで、後の問いに答えなさい。

本を読まないといけない、このごろ本が読まれなくなったのは問題である。そういう声が起こってかなりになる。本や雑誌が売れなくなったのは文化が弱くなった現れである。そう考える人たちが、実は、読むということを深く考えていることはまれである。教養を高め、知識を豊かにするには読むことが必要であるというのははっきりしている。ただ、何でも読めばいいか、というと、そうではない。いくら読んでも何の役にも立たない読みがある。たとえば新聞。いくら長く新聞のニュースを読んでも、それだけで賢《かしこ》くなることはまずないといってよい。

本と違って、新聞は読み捨てられることを予期して作られている。読者に知るおもしろさを提供すればいいのだ。読者は読んだらすぐ忘れてよい記事が多いのは当然である。記事を読んだ人が、それをきっかけに考えて自分の意見をもつというようなことは想定外である。

新聞は読者を＊啓発《けいはつ》するために編集されているのではなく、読者の知りたいことを報道する。そういう記事は六つの疑問に答えることを頭において書かれる。

いつ　（When）
どこで　（Where）
だれが　（Who）
なにを　（What）
なぜ　（Why）
どのように　（How）

の六つで、５Ｗ１Ｈといわれる。いまではこのごろは、小学校の子どもでも教わっていることがあって、いわば常識になっている。

記事はこの六つを備えていることが望ましいのだが、いつもすべてを充足《じゅうそく》しているわけではない。はじめの４Ｗは、欠けるとニュースにならないから、欠けることはないけれども、あとの二つ、〝なぜ〟〝どのように〟は、時間の限られた状況《じょうきょう》で書かれる新聞記事原《げん》稿《こう》では脱落《だつらく》していることが多い。しかし、それはかならずしも新聞にとってマイナスにばかり働くとは限らない。（なぜ・Ｗ）と（どのようにして・Ｈ）が抜《ぬ》けている記事のほうが、力のある読者にとって、六つ揃《そろ》ったわかり切った記事よりおもしろいのである。

一般に新聞記事が、本に比べて、深い意味でおもしろくないのは、５Ｗ１Ｈのすべてに答えようとしているからである。疑問がないと思わせる記事は、わかりやすい、けれども興味深くない。疑問の残るほうが、読者は知的好奇心《こうきしん》を刺激《しげき》されて、自ら思考を働かせ、興味を覚えるのである。

（注）＊啓発……知識をひきおこし、理解を深めること。

2020(R2) 新潟第一中　B
教英出版

以下の方眼は自由に使ってかまいません。ただし，答えは解答用紙にかきなさい。

令和２年度中学校第１回入学試験

算数B解答用紙

（配点非公表）

受験番号

（　　　　　）　（　　　　　）　（　　　　　）

【解答用

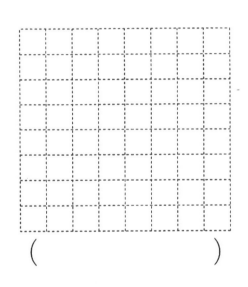

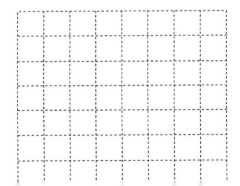

令和二年度中学校第一回入学試験

国語B解答用紙

問一	問二

(配点非公表)

受験番号

下の図のように直角をはさむ２つの辺が２cm，１cm の直角三角形が４つあります。

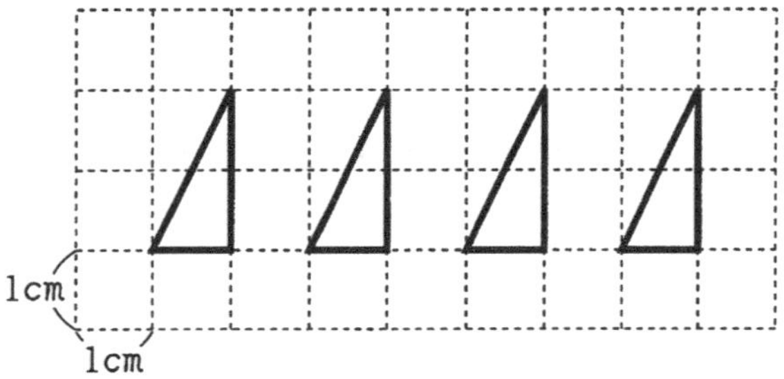

この４つの合同な直角三角形をすべて使って，ずらしたり，回したり，裏返《うらがえ》したりして，同じ長さの辺どうしを合わせて，いろいろな四角形をつくります。どのような四角形ができるか考えましょう。

例えば，【図１】は，長方形ができる場合のいくつかの例をかいたものです。

【図１】

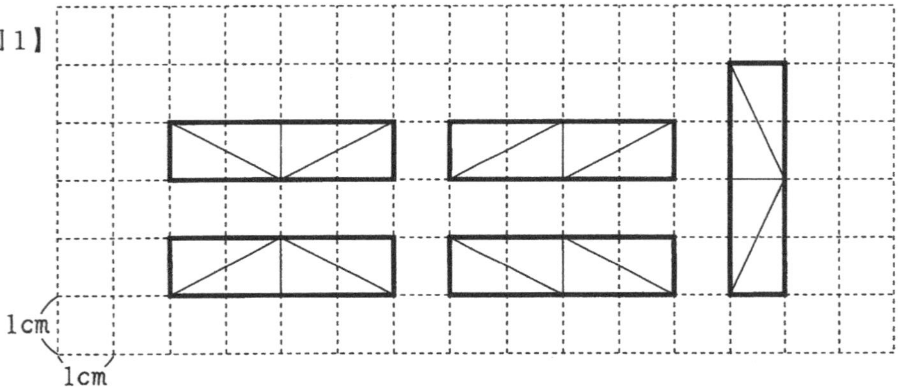

【図１】でつくった長方形以外には，どのような四角形をつくることができますか。
下の【解答例】にならって，できるだけ多くの種類の四角形を解答用紙に作図しなさい。
また，図の下にもっともふさわしい四角形の名前を次の□の中から選んで書きなさい。
ただし，□の中にふさわしい名前がない場合は「その他」と書きなさい。

正方形　長方形　ひし形　平行四辺形　台形

合同でないものは別の図形とします。
同じ名前の図形でも，１種類だけでなく
何種類もある場合があります。

答えが「長方形」のときには
【図１】の中から一つ選んで
右の解答例のようにかきます。

【解答例】

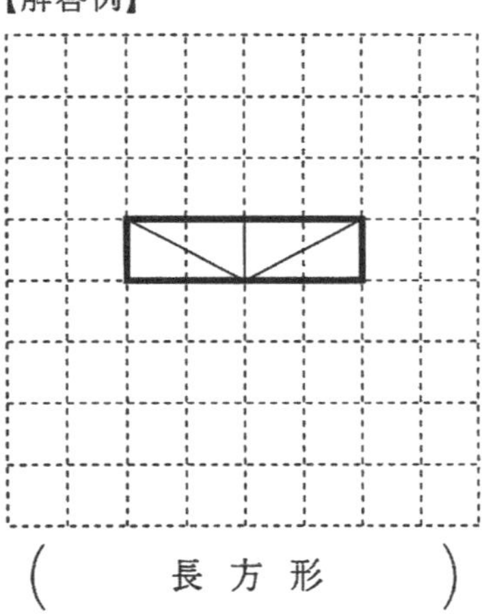

（　長 方 形　）

令和２年度中学校第１回入学試験問題

算　　数　　B

（30分）

注意事項

1. 「始め」の合図《あいず》があるまで、この問題を開かないでください。
2. この問題は、２ページです。印刷のはっきりしていないところがあれば、試験監督《かんとく》の先生に申し出てください。
3. 受験番号は、この問題の表紙および別紙解答用紙の指定されたところに必ず記入してください。
4. 解答は、すべて別紙解答用紙に記入してください。

受　験　番　号

問一　作者は新聞のニュースを読んでも、それだけでは賢くなることはないと言っていますが、その理由を答えなさい。

問二　作者は新聞を読んで賢くなるためには、どのような記事をどのように読むことがいいと言っていますか、答えなさい。